나는 미술관에서
하나님을 만납니다

나는 미술관에서 하나님을 만납니다

ⓒ 생명의말씀사 2025

2025년 3월 14일 1판 1쇄 발행

펴낸이 | 김창영
펴낸곳 | 생명의말씀사

등록 | 1962. 1. 10. No.300-1962-1
주소 | 서울시 종로구 경희궁1길 6(03176)
전화 | 02)738-6555(본사)·02)3159-7979(영업)
팩스 | 02)739-3824(본사)·080-022-8585(영업)

지은이 | 박정욱

기획편집 | 서정희, 김자윤
디자인 | 최종혜
인쇄 | 영진문원
제본 | 보경문화사

ISBN 978-89-04-16912-2 (03230)

저작권자의 허락 없이 이 책의 일부 또는 전체를
무단 복제, 전재, 발췌하면 저작권법에 의해 처벌을 받습니다.

나는 미술관에서
하나님을 만납니다

박정욱 지음

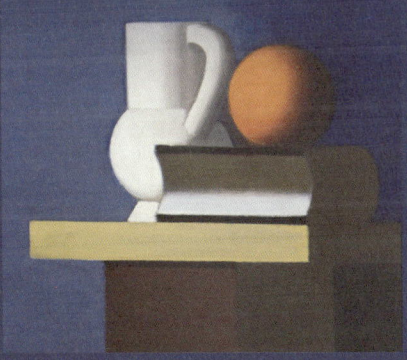

생명의말씀사

추천사

그림 안에서 하나님의 임재를 누릴 수 있다는 것은 놀라운 축복입니다. 저자의 시선을 통해 과거의 시간 속에 담긴 보물의 풍성한 의미와 재미를 맛보게 됩니다. 저자는 눈길과 손길이 따스한 사람입니다. 그 온기가 글을 통해 가슴에 와닿습니다. 그를 통해 일상이라는 미술관을 만나게 됩니다. 이 책은 예술과 신앙의 아름다운 만남을 통해 우리의 영적 시야를 넓혀 주는 소중한 안내서입니다.

강은도(더푸른교회 담임목사)

신앙의 여정에서 우리는 종종 예술을 통해 신적 아름다움과 깊은 영적 울림을 경험하게 됩니다. 이 책은 바로 그러한 거룩한 만남으로 우리를 초대하는 책입니다.
저자는 서양 기독교 미술의 역사적 흐름을 섬세하게 조망하는 동시에, 단순한 예술적 감상에 머무르지 않고 신앙 묵상의 차원으로 나아갈 수 있도록 우리에게 마치 미술관의 영적 해설사가 되어 그 길을 안내합니다. 또한 이 책은 각 시대를 대표하는 작품들 속에 담긴 신앙의 메시지를 깊이 탐구하며, 독자로 하여금 시각적 경험을 통해 신앙의 본질을 성찰하는 여정을 안내해주는 좋은 길잡이가 되어 줍니다. 탁월한 미술 작품과 깊이 있는 신앙적 고찰이 어우러진 이 책이 독자 여러분의 영적 성장과 신앙의 여정을 더욱 풍성하게 만드는 귀한 도구가 되길 소망합니다.

김은호(오륜교회 설립목사, DNA MINISTRY 대표)

그림은 단순한 색과 형태의 조합을 넘어 깊은 메시지를 전하는 창입니다. 이 책은 바로 그 창을 통해 우리를 하나님의 임재로 초대합니다. 저자는 미술관의 벽을 넘어 각 작품 속에 숨겨진 신앙의 심연을 섬세하게 들여다보며, 독자에게 예술과 영성의 놀라운 만남을 선사합니다.

또한 서양 기독교 미술의 역사를 단순한 학문적 지식으로 읽지 않고, 살아 있는 신앙의 언어로 해석했습니다. 성경의 이야기와 예술가들의 영감, 그리고 저자 개인의 깊은 묵상이 만나 풍요로운 신앙의 풍경을 그려 냅니다. 바쁜 일상 속에서 잠시 멈추어 그림 속 깊은 영성을 만나고 싶은 모든 이에게 권합니다.

라영환(총신대학교 조직신학 교수, 『7인의 컬렉션』 공저자)

매우 사랑하고 아끼는 후배이며 늘 창의적이고 비전이 넘치는 귀한 원장의 책을 다시 읽습니다. 박 원장은 이미 여러 권의 책을 출간하였는데 이번에는 런던, 암스테르담, 파리, 밀라노, 바티칸 등 여러 지역을 다니며 감동을 주었던 작품들을 소개하며 본인의 삶에 적용해 보려고 노력하였습니다. 하나님의 성경에 나타난 여러 사건의 장면들을 넘겨보면서 시공간을 초월하여 우리에게 주시는 새로운 메시지가 각자에게 적용되기를 바랍니다.

심재두(한국누가회 이사장, 1993년 알바니아 파송선교사로 현재 한국 사역 중)

세계미술사에 성경 속 인물과 사건에서 영감을 받아 그려낸 주옥같은 작품들이 많이 있습니다. 이 책은 크리스천 의사요, 휴머니스트인 박정욱 원장이 세계 곳곳 유명 미술관을 직접 방문하여 깊이 감상하고 깨달은 것들을 엮어 낸 것입니다.
미술에 대한 전공자 못지않은 깊은 지식을 배경으로 의사의 전문성과 세밀한 그리스도인의 감성으로 다듬어진 유익하고 은혜로운 책입니다. 성경의 글자들이 화가들의 이해와 감동의 붓을 통해 그려진 역작이 된 것처럼, 역으로 그 작품들에 대한 저자의 깊은 이해와 묵상을 통해 생생한 메시지와 실체를 마주하게 됩니다.

책에 담긴 주옥같은 작품들 그리고 작품에 관한 성경적, 역사적, 미술적 이해와 메시지들은 일독을 넘어 옆에 두고 자주 음미하기를 권합니다.

이상복(광주동명교회 담임목사, 광주 생명의전화 이사장)

매주 다양한 신앙 간증을 들으며 느끼는 것이지만, 하나님은 정말 다양한 방식으로 우리에게 말씀하십니다. 이 책은 그 중에서도 시각 예술이라는 창문을 통해 성경의 진리를 발견하고, 내 삶을 돌아보게 합니다.

서양 기독교 미술의 걸작들이 단순히 캔버스에 갇힌 과거의 유물이 아니라, 오늘 우리에게도 말을 거는 살아있는 메시지임을 깨닫게 됩니다. 우리의 신앙 여정에 예술적 감성과 지적 호기심마저 더해주는 이 책을 통해, 색채와 형태로 전해지는 하나님의 메시지가 우리의 영적 감각을 일깨우고 더 풍요로운 신앙생활로 인도하길 소망합니다.

주영훈(CBS <새롭게 하소서> 진행자, 작곡가)

저자와 저는 의사와 환우로 만나 현재는 영혼의 친구로 천성을 바라보며 각자의 자리에서 본향을 향해 나아가고 있습니다. 저자와 함께 "우당탕탕 박원장"이라는 의학 정보 만화를 제작한 경험도 있으며, 이 과정을 통해 손발이 더 잘 맞는 친구가 되었습니다. 이번에 출간된 책은 서양 미술과 성경의 깊은 세계로 우리를 안내합니다. 저자의 여정은 단순한 미술 감상에서 시작되었지만, 예수님의 손길과 하나님의 은혜를 깨닫는 데까지 이르게 됩니다. 저자의 이야기는 미술 작품 속 숨겨진 의미와 감동을 새롭게 발견하게 합니다.

의대생 시절 유럽 배낭여행을 통해 처음 만난 서양 미술은 저자의 삶에 깊은 영향을 미쳤습니다. 런던 내셔널 갤러리에서의 경험은 저자를 서양 미술의 매력에 빠져들게 했고, 예수님의 이야기를 재조명하게 했습니다. 특히, 베데스다 연못의 38년 된 병자를 치유하신 예수님의 모습은 저자의 개인적 경험과 맞물려 큰 감동을 주었습니다. 이 책은 단순한 미술사가 아닌, 저자의 은혜와 묵상을 통해 독자들이 미술 작품 속에서 하나님의 메시지를 발견하고, 삶의 새로운 방향을 모색할 수 있도록 도움을 줄 것입니다.

최철규(만화가, 『만화로 읽는 천로역정』 저자)

'나는 미술관에서 하나님을 만납니다.' 제목부터 벌써 미술관에 가서 하나님을 만나고 싶어지게 만드는 책입니다. 명화에서 단순히 그림의 배경 해설이 아닌 그 안에 녹아 있는 하나님의 마음을 헤아리게 만드는 귀한 책입니다. 이 책은 저로 하여금 제가 사는 곳의 시카고 미술관(The Art Institute of Chicago)을 찾아가게 만들었습니다. 바쁜 일상에서 그림을 통해 조금이라도 우리 하나님과 가까워질 수 있다면 얼마나 좋을까요? 아들을 미술관에 데리고 다니면서 친절히 그림 설명을 해 주는 저자의 모습 속에서 사소한 일상으로 친히 찾아오신 하나님의 마음을 느낍니다. 이 책을 읽는 분들도 함께 느껴보시기를 바랍니다.

채영광(노스웨스턴 의과대학 종양내과 교수, 『당신을 위해 기도해도 될까요?』 저자)

차례

추천사 04
들어가는 글 그림과 예수에 빠져들다 14

1부

베데스다 연못가의 병자 자격 없는 나에게도 22
바르톨로메 에스테반 무리요,
〈베데스다 연못에서 중풍병자를 치유하는 그리스도〉

바울과 보톡스 복음의 빚진 자 28
렘브란트 반 레인, 〈사도 바울〉

바울의 전도 마음을 굳게 하고 서 있기 34
야코프 요르단스, 〈리스트라에서의 사도 바울과 성 바나바〉

가인과 아벨 마음을 지키는 일 42
페테로 파울 루벤스, 〈형제 아벨을 살해하는 가인〉

다윗과 우리아 영적 긴장의 끈을 놓지 않는 일 50
피터르 라스트만, 〈요압에게 줄 편지를 우리아에게 건네는 다윗〉

에스더와 아하수에로왕
믿음을 위해 대가를 치른 적이 있나요? 58
고르치우스 겔도르프, 〈아하수에로와 에스더〉

2부

나아만 장군과 엘리사 세상에서 구별된 자로 살아가는 일　70
아브라함 반 데이크, 〈나아만의 선물을 거절하는 엘리사〉

룻과 보아스 이토록 로맨틱하고 인간적인 하나님의 인도　80
데이비드 윌키 윈필드, 〈룻과 보아스〉

선한 사마리아인 나도 버림받고 죽을 수밖에 없는 인생이었다　88
빈센트 반 고흐, 〈선한 사마리아인〉

반 고흐와 아버지 매일의 일상에서 드러나는 복음　98
빈센트 반 고흐, 〈성경이 있는 정물〉

피에타 맡겨진 사명을 다한 예수님의 미소　108
빈센트 반 고흐, 〈피에타〉

쓸쓸한 나의 그리스도 아버지여, 할 만하시거든　120
미켈란젤로 다 카라바조, 〈그리스도의 체포〉

도마에 대한 오해 주를 향한 확신과 확증　128
미켈란젤로 다 카라바조, 〈성 토마스의 불신〉

3부

예레미야의 애가 우울과 슬픔, 무기력의 상태에도 138
렘브란트 반 레인, 〈예루살렘의 파괴를 슬퍼하는 예레미야〉

이사야와 청색옥
존귀한 자들은 눈보다 빛나고 우유보다 희다 146
요하네스 페르메이르, 〈진주 귀걸이를 한 소녀〉

노아의 고독 증명이 아닌 회복 156
윌리엄 벨 스콧, 〈대홍수의 전야〉

아브라함과 이삭 "제가 여기 있습니다" 166
렘브란트 반 레인, 〈이삭의 희생〉

마가 요한 우리는 도망가지 않을 수 있나요? 172
안토니오 다 코레조, 〈그리스도의 배신과 마가 사도를 쫓는 병사〉

베드로와 요한 기쁨의 달음박질 182
외젠 뷔르낭, 〈부활의 아침에 무덤으로 달려가는 제자 베드로와 요한〉

최후의 만찬 "그건 말도 안 돼요, 일어날 수 없어요." 192
레오나르도 다빈치, 〈최후의 만찬〉

주 203
명화 작품 목록 204

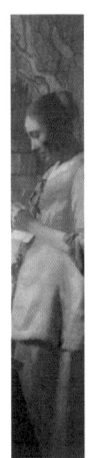

들어가는 글 그림과 예수에 빠져들다

 제가 서양 미술에 관심을 가지기 시작한 이유는 바로 성경 이야기와 인물들 때문이었습니다. 성경 속에서 활자로만 만나던 내용들이 입체적으로 그려지고, 세월을 초월한 예술작품들을 만나며 저는 엄청난 호기심과 흥미를 느끼기 시작했습니다. 공식처럼 담겨 있는 고대와 중세 서양화의 알레고리부터 르네상스 시대 이후 펼쳐지는 인본위적 해석까지, 서양미술이라는 바다를 체험하는 즐거움에 저는 푹 빠져들게 되었던 것이죠.
 누구에게나 처음이 있는 것처럼 제가 그림에 빠진 계기는 이렇습니다. 의대 본과시절 여름방학을 이용해 생애 첫 유럽배낭여행을 홀로 계획한 바 있습니다. 혹시 아실지 모르지만 의대는 방학이 돼도 성적이 나쁘면 재시험에 걸려 방학을 통째로 날리게 됩니다. 그래서 그해 저는 이미 발권한 비행기를 놓치지 않으려 눈에 불을 켜고 공부했고, 다행히 재시험을 피한 무용담을 보유하게 되었습니다.

  당시에 대학생들은 여러 명이 팀을 이루거나 여행사의 도움을 얻어 호텔을 예약하고 유럽여행을 떠나는 것이 일반적이었습니다. 그러나 저는, 지금 생각하면 무슨 젊은 날의 혈기였는지 모르겠으나 여행 안내 책자와 유레일패스만 들고 혈혈단신 런던으로 날아갔습니다. 지금처럼 모바일을 이용한 인터넷은 상상도 하지 못하던 느리디 느린 랜선의 초기 인터넷 시대였는데 말입니다. 만약 지금의 젊은 세대들에게 맨땅에 헤딩하듯 그런 환경에서 여행을 떠나겠냐고 묻는다면, 아마도 상당수가 포기할 거라고 저는 장담합니다. 그렇게 배낭만 하나 달랑 멘 채 런던 히스로 공항으로 입국해 숙소도 찾지 않고 처음 방문한 곳이 바로 런던 트라팔가 광장의 내셔널 갤러리였습니다.

세계적인 명화로 전시 홀이 가득 차 있던 미술관 안에서 핏기 어린 젊은이에 불과했던 저는 대영제국과 유럽의 문화유산으로 둘러싸인 예술작품 앞에서 완전히 압도당하고 말았습니다. 책과 영상으로는 가늠할 수 없는 생생한 현장에서 20대 초반의 청년인 저는 내셔널 갤러리, 대영박물관, 테이트 미술관 등을 둘러보며 인류문화유산인 서양미술사에 대한 새로운 눈을 뜰 수 있었습니다.

한국으로 돌아와서는 의대 공부로 바빴지만 틈나는 대로 E.H. 곰브리치의 『서양미술사』를 전공서적처럼 읽어 가며 미술사에 대한 뼈대를 이해하고 축적하려 노력한 덕분에, 미대생들

내셔널 갤러리

과도 어느 정도 대화가 될 만큼 지식을 쌓게 되었죠. 아는 만큼 보인다고, 서양화에 담긴 성경과 신화의 알레고리를 파악한 이후부터 저는, 미술관 관람이 영화나 뮤지컬 관람 이상으로 흥미를 주는 분야가 되었습니다. 장담하건대 이렇게 미술 중에서도 특히 명화에 대해 공부하거나 배경지식을 쌓는 분들에게는 여행 중에 미술관을 방문하는 일이 맛집 기행보다 더 달콤한 일로 다가오기 마련일 겁니다. 저에게도 해외여행을 가면 며칠씩 그 도시의 미술관 안에서 시간을 보내라고 해도 반길 만큼 미술관 관람이 늘 손꼽아 기다려지는 코스가 되었습니다. 이후에도 여러 번 반복해서 런던을 방문하면서 더 깊은 이해를 위해 수십 권의 미술책을 독파하기도 했습니다.

   이제는 내셔널 갤러리를 방문하던 젊고 자신감 넘치던 의학도의 패기를 제게는 더는 찾아보기는 힘듭니다. 하지만 오히려 나의 자아와 욕망을 서서히 내려놓고 주의 메시지에 귀 기울이는 방식을 조금씩 깨달아가고 있다고 생각합니다.

저는 출근길에 KBS 라디오 클래식 FM을 자주 청취합니다. 진행자가 이런 말을 남겼습니다.
"라디오는 연결입니다. 평소 즐겨 듣던 같은 곡이라도 다른 사람들과 같이 듣는다고 생각하면 더욱 멋지게 다가옵니다."
이 이야기를 듣고 저는 마음속 깊이 끄덕였습니다. 저 혼자 이 감동을 누리기보다는 어설픈 은혜와 지식일지언정 더 많은 성도분과 공감하고 연결되기를 바라는 마음에 이 책을 써 내려갑니다. 그러나 되도록 제가 직접 경험하거나 오래 고민해 온 화두를 바탕으로 내용을 채웠습니다.
아마도 목회자나 신학을 공부하는 분들에게는 이 책은 명화에 대한 접근법을 전해주지 않을까 생각합니다. 반대로 서양화에 깊이 견해가 있으신 분들에게는 학문적 표현으로 한계가 정해진 미술사적 접근을 넘어서는 신앙적 묵상과 고민이 신선하게 다가오기를 간절히 바랍니다. 마지막으로 평신도에게는 미술과 성경이 부드럽게 녹아든 컨텐츠를 가득 누리는 시간이 될 수 있을 거라고 확신합니다. 주의 한없는 인자와 자비를 담아 이 책을 전합니다.

  주여 모든 영광을 받으소서.

베데스다 연못가의 병자 자격 없는 나에게도
바울과 보톡스 복음의 빚진 자
바울의 전도 마음을 굳게 하고 서 있기
가인과 아벨 마음을 지키는 일
다윗과 우리아 영적 긴장의 끈을 놓지 않는 일
에스더와 아하수에로왕 믿음을 위해 대가를 치른 적이 있나요?

1부

베데스다 연못가의 병자
자격 없는 나에게도

바르톨로메 에스테반 무리요, 〈베데스다 연못에서 중풍병자를 치유하는 그리스도〉, 1667–1670, 런던 내셔널 갤러리.

코로나 팬데믹이 발생하기 바로 전인 2019년, 가족들과 함께 오랜만에 런던의 내셔널 갤러리를 다시 방문할 기회가 있었습니다. 그렇게 고대하던 미술관 안에서 기쁨과 탐닉의 시간을 보내던 중 뜻하지 않게 저의 마음에 파고든 그림이 있었습니다. 바로 요한복음 5장의 '베데스다 연못'의 일화로, 예수님께서 서지 못하는 38년 된 병자에게 손을 내미시는 장면을 그린 바르톨로메의 17세기 작품이었습니다.

사실 이 일화에 관해 저는 개인적인 스토리를 가지고 있었습니다. 과거 대학병원 교수로 재직하던 시절, 하루는 진료를 앞두고 외래진료실에서 잠시 말씀을 묵상하는 시간을 가지고 있었습니다. 그때 본문이 요한복음 5장의 베데스다 연못에서 서른여덟 해를 보낸 병자 이야기였습니다. QT를 마치며 주님께 기도하기를 '제게 이러한 환우가 온다면 주의 뜻으로 알고 깊이 섬기게 해주십시오'라고 구했지요.

그 후 잠시의 시간이 흘렀을 때였습니다. 정말 거짓말처럼 제 진료실에 38세의 남자 환우가 그의 어머니와 함께 찾아왔습니다. 태어나면서 근긴장이상증(dystonia)을 가진 분으로 혀와 오른손에 심하게 강직을 가진 상태였습니다. 어려서부터 홀어머니 밑에서 시골일을 도우며 자라온지라 의료혜택을 받을 기회가 적었다고 했습니다. 게다가 가는 병원마다 별 방법이 없다는 말만 들어왔는데, 우연히 마을 주민이 저를 소개하여 방문했다는 것이었습니다. 다행히 이런 분에게 적합한 '보툴리눔 톡신 주사'라는 최신 근긴장 이완치료 방법이 있었습니다. 그런데 놀라운 것은 그 전날, 요청하지도 않은 보툴리눔 톡신 주사가 어느 제약회사로부터 좋은 일에 써달라며 기부 형태로 저에게 뜬금없이 전달되었다는 사실이었습니다. 딱 이분에게 필요한 정도의 용량이었죠.

당시 저는 이 사건이 주님의 명령임을 확신했습니다. 정성을 다해 시술을 하고 일주일 후에 환우를 다시 만나기로 했습니다. 그리고 시간이 흘러 다시 만난 그의 오른손은 거짓말처럼 펴져 있었습니다. 이 일을 통해 그의 가족은 물론이고 어려서부터 이분을 지켜본 시골 온 동네 사람들이 놀라고 같이 기뻐했다고 합니다. 이 일은 의사의 삶을 살던 제게 내 진료에 하나님께서 전적으로 간섭하고 계신다는 확신을 주는 강렬한 경험이었습니다.

그런데 그 명화를 본 순간, 저는 바로 이 사건을 지금까지 깊이 오해하고 있었음을 깨달았습니다. 솔직히 그 사건을 그저 대학병원 교수였던 엘리트가 시골의 선천적 근긴장이상을 가진 소외된 장애인에게 시혜를 베푼 일로 기억하고 있었는지도 모릅니다. 하나님의 명령으로 인지하긴 했지만 그 안에서 나는 시답잖은 우월감을 만끽하고 있었을지도 모른다고 생각하니, 반성이 저에게 찾아왔습니다.

  그리스도가 이해하길 원하신 것은 환우의 회복이 아니었을 겁니다. 그 환우가 아닌 바로 죄인이자 병자인 저에게 내미신 그분의 손길이었던 것입니다. 나 같은 죄인을 향한 주님의 주권적인 은혜로의 초대를 깨닫지 못하고 들떠 있었다는 부끄러움이 그대로 느껴졌습니다. 예수님은 그림처럼 제자들과 유독 한 병자에게만 다가가 질문하시며 그의 거룩한 손을 내미셨습니다. 단 한 사람에게 내미신 그 손의 의미는 바로 자격 없는 자에게 주어지는 은혜와 감격의 순간이어야만 했습니다.

  이 사건은 더 이상 성경이나 에피소드 속의 일이 아니었습니다. 아니 더 정확히 표현하면 내가 바로 그 혈기가 마른 병자라는 점을 인정할 수밖에 없었습니다. 마치 이 그림을 통해 그분이 내게 은혜와 긍휼의 손을 다시 내미시는 듯했습니다. 그림 앞에서 저는 가슴이 얼어붙어 미술관 내에 있던 소파에 몸을 털썩 기대고 한참을 흐느낄 수밖에 없었습니다.

  예수께서 이르시되 일어나 네 자리를 들고 걸어가라 하시니(요 5:8).

그리고 그분이 다시 말씀하셨습니다. 이제 그 깨달음으로 일어나 다시 걸으라고 말입니다. **네 걸음이 네 능력이 아닌 내가 준 은혜라는 것을 잊지 말라**고 하시는 듯했습니다. 네가 만나는 네게 주어진 병자를, 내가 네게 했듯이 긍휼과 은혜로 섬기라고, 내 복음과 사랑의 통로가 되라고 말씀하시는 듯했습니다.

나는 말없이 흐느끼고 있었습니다. 그날은 제 휴가의 마지막 날이었으며 저는 몇 시간 후 귀국 비행을 앞두고 있었습니다. 이 한마디 말씀을 하시려고 이 먼 영국 땅까지 나를 이끄셨구나. 그분의 섭리 앞에 감격하지 않을 수 없었습니다. 저는 이 그림을 내 영혼에 깊이 새겨 환우를 돌보는 일에 지치고 어려움이 생길 때마다 초심을 되찾는 계기로 삼고 있습니다.

이러한 경험 때문인지 저는 여전히 성화나 회화를 대할 때마다 주님께서 주시는 또 다른 메시지가 없는지 관람에 늘 주의를 기울이는 편입니다. 크로아티아에서는 여행 중에 하늘을 보고 기도하며 걷다가, 교회 앞 성경 모양 동판에 크로아티아어로 새겨진 '주의 말씀은 내 발의 등이요, 내 길에 빛이니이다'(시 119:105)를 그 응답으로 받은 적도 있습니다. 두려워 말고 주의 말씀을 신뢰하라는 그 메시지 앞에 얼마나 깊은 위안과 용기를 얻었는지 모릅니다.

실제로 저는 서양회화에 숨겨진 질병의 묘사를 의학적 관점에서 발견하고 새롭게 해석하는 작업을 이미 시작했습니다. 기존의 평론가들이 보지 못했던 한 기독의사의 관점에서 바라보는 서양미술에 대한 새로운 해석과 접근이, 오래전부터 저의 남은 생애에 이루어 가고 싶은 화두가 되었습니다. 그래서 미술에 관한 자유로운 저의 개인적인 감상과, 평신도로 주님께 받은 은혜를 이렇게 시작해보고자 합니다.

바울과 보톡스

복음의 빚진 자

렘브란트 반 레인, 〈사도 바울〉, 1657, 내셔널 갤러리 오브 아트.

통상 '보톡스'라고 불리는 시술을 알고 계실 겁니다. 상품명으로 익숙한 이 보툴리눔 톡신은 불과 수년 전만 해도 치명적인 세균의 독소로 유명했습니다. 한국전쟁 당시 허기진 배를 채우는 부패한 통조림 안에 존재하던 이 세균은 21세기 초반까지도, 이 보툴리눔 톡신이라는 독소를 만들어 많은 사람이 온몸이 활처럼 휘거나 호흡이 마비되어 죽게 했습니다. 이러한 악명 때문에 보툴리눔은 늘 사람들에게 경계의 대상이었고 별다른 치료법이 없어 의사들에게도 역시 공포의 대상이었습니다. 마치 닥치는 대로 사람을 해치고 악명을 떨치는 괴물 같았던 보툴리눔 톡신은 사도행전의 7-9장에서 등장하는 회심하기 이전의 바울인 바로 사울의 모습과 닮아 있습니다.

사도행전 7장 말미에 보면 사울은 아무렇지도 않고 태연하게 스데반을 돌로 쳐 죽일 만큼 잔인한 자였습니다. 8장에서는 각 교회를 파괴하고, 믿는 사람들을 남녀노소를 가리지 않고 감옥에 가두었으며 9장에서는 '그러고도 여전히 주의 제자들에게 살기가 등등했다'라고 표현하고 있습니다. 무자비하게 그리스도인들을 잡아 가두고 두려움의 대상이 되었던 사울의 모습이 현재

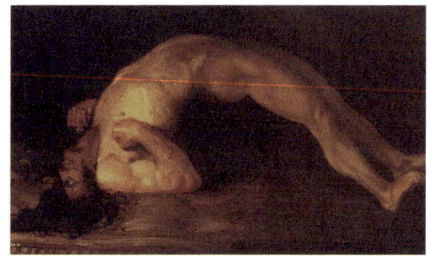

보툴리눔 톡신 중독으로
허리가 휘어 죽어가는 남자

찰스 벨, 〈후궁반장(파상풍)〉,
1809, 에든버러 왕립 외과대학 소장

보톡스라고 불리기 이전의 보툴리눔 독소와 너무나 닮아 있습니다.

하지만 이제는 이 끔찍했던 독소가 그 독성을 희석하고 정제하여, 주름을 펴 주고 미모를 돋보이게 하는 각광받는 치료제가 되어 가고 있습니다. 자신을 죄인 중의 괴수라고 고백하며 그리스도의 영광 외에는 모든 것을 무익하게 여기던 사도 바울이 회심하여 그리스도의 열정적인 전사로 변신한 것처럼, 이제 보툴리눔 톡신이라는 이름을 버리고 보톡스라는 새로운 이름으로 미용과 치료의 영역으로까지 한 발 더 나아오고 있습니다.

이전에는 운동신경을 마비시키는 기능을 이용해 주름을 펴고 피부를 탄력 있게 하는 용도에만 국한된다고 알려져 있었으나 이제는 완전히 새로운 가능성과 기능을 보여 주고 있습니다. 우선 운동신경 뿐 아니라 감각신경마저도 차단하는 기능이 있음이 확인되고 있습니다. 즉 단순히 근육의 수축을 막을 뿐 아니라 마취제보다 훨씬 더 오랜 기간 감각신경을 차단하는 장기 통증 억제제로 쓰이고 있는 것입니다. 근육통을 넘어 편두통, 안면통증, 후경부통증, 등통증, 대상포진후 동통 뿐만 아니라 암성통증에까지 그 영역을 확대해 가고 있습니다.

뿐만 아니라 과민성 방광의 효과적 치료제로, 또 다한증 등의 치료제로 쓰이며 이전 수술의 영역을 상당 부분 대체해 가고 있습니다. 각종 신경질환으로 인한 근육의 수축과 마비를 푸는 제제로 쓰이면서 바로 제가 속한 재활분야에서는 없어서는 안 될 치료제로 사용되고 있지요. 그래서 보톡스가 어떻게 만병통치약이 되었는지 미국의 타임지가 1면에 이 내용을 주제로 내기도 했습니다. 자그마치 보톡스로 고칠 수 있는 병의 가짓수가 약 800가지라고 합니다.

이전의 악명 때문에 처음에는 의사들에게조차 위험한 제제로 경계의 대상이었고, 사용하더라도 아주 제한적이고 적은 용량을 사용했던 보톡스. 하지만 실제로는 상당히 안전한 제제이며 고용량에도 큰 위험이 없는 것으로 확인되고 있습니다. 마찬가지로 바울도 회심한 후에 처음에는 그리스도의 제자들에게 여전히 공포의 대상이었으며 외면당했던 인물이었죠. 하지만 그는 그리스도의 그릇으로 비워졌습니다. 그리고 그는 각 사람을 그리스도 안에서 완전한 자로 세우기 위해 다음 그림처럼 아테네의 학자들 앞에서조차 두려움 없이 힘을 다하여 복음을 전하는 자로 거듭납니다.

　최근 SNS나 언론을 통해 비치는 기독교의 이미지는 참으로 낙담스러울 때가 많습니다. 실제로 믿는 자들의 허물로 인한 것도 존재하지만 때로는 비이성적인 분노의 화살을 받기도 합니다. 그러나 그렇게 공격적인 그들을 따뜻하게 품고 기도할 때, 이 시대의 부흥을 이끌 또 다른 사울이 그 껍질을 깨고 바울로 태어날 수 있으리라 생각합니다. 마치 보툴리늄이란 독소가 잘 정제된 보톡스라는 훌륭한 치료제로 거듭나듯이 말입니다.

　우리 주변의 신앙의 지체들 뿐 아니라 기독교에 대해 적대적이고 믿지 않는 이웃들에게 숨은 그리스도의 피조성과 가능성을 발견하는 통찰력이 필요합니다. 그리고 그들이 그리스도를 만나도록 깊이 인내하는 믿음이 우리에게 더 가득해지기를 소망합니다. 그들의 쏟아 내는 올바른 분노와 외침을 가슴에 담아 철저히 회개하며 이 사회가 그리스도인에게 지탄하는 바를 더불어 고쳐가야 할 것으로 믿습니다.

라파엘로 산치오, 〈아테네 아레오파고스에서 설교하는 성 바울〉, 1515, 빅토리아 앤 알버트 박물관.

바울의 전도
마음을 굳게 하고 서 있기

야콥 요르단스, 〈리스트라에서의 사도 바울과 성 바나바〉, 1616, 에르미타주 박물관.

안디옥 교회는 예루살렘 교회에 가해진 핍박을 피해 이주한 유대인 디아스포라와 이방인들이 세운 초대교회 중 하나입니다. 안디옥은 마치 알렉산드리아라는 도시처럼 여러 곳에 지명이 있으나 사도행전의 1차 전도여행에 등장하는 지방은 시리아 안티오크와 비시디아 안티오크 두 곳으로 구분해서 이해하는 것이 필요합니다. 바울과 바나바가 몸담았던 교회는 지금의 시리아 지방인 수리아 안디옥에 위치하고 있었습니다.

바울과 바나바의 관계를 쉽게 설명하면 이렇습니다. 바나바는 예루살렘 교회에서 파견한 안디옥 교회의 담임목사였고 바울은 이 교회의 부흥에 일조한 복음 강사로 이해하면 될 듯합니다. 안디옥 교회가 정말 위대한 이유는 교회의 두 기둥과 같은 바나바와 바울 두 사람을 타지의 선교를 위해 동시에 선교사로 파송하는 결정을 하기 때문입니다. 하나님의 명령을 놓고 고민하던 교회의 리더와 장로들은 이를 그대로 순종하는 숭고한 결정을 내리고 실행에 옮깁니다.

이로써 두 사람은 교회사 최초의 공식적인 해외선교사로 나서는 역사적 첫걸음을 떼게 됩니다. 이들은 1차 전도여행에서 바로 구브로(키프로스)섬으로 향하는데 이 곳 항구 살라미에서 바나바의 조카이자 이미 베드로와의 만남을 통해 주를 영접한 것으로 보이는 마가복음의 저자 마가 요한을 만나서 전도팀에 합류시킵니다. 그러나 마가 요한은 사도행전 13장 13절에 따르면 어떤 이유인지는 모르나 이들과 내륙 지방인 버가에 도착하자마자 바울과 바나바와 헤어져 집으로 돌아갑니다.

이 둘은 내륙 지방으로 깊숙이 들어가 비시디아 안디옥과 이고니온 지방의 유대인 회당에 들러 과감히 예수와 복음을 전했고, 환대와 핍박을 피해 오늘 그림의 주제인 루스드라로 들어와 이어서 복음을 전합니다.

사도행전 4장에 따르면 바울은 루스드라에서 선천적 장애로 걷지 못하는 자를 말씀으로 일어나 걷게 하는 기적을 일으킵니다. 그러자 군중들은 이 기적에 매료되어 갑자기 그들을 신으로 칭송하기 시작하지요. 바나바는 제우스라고 하고 바울은 말을 잘한다 하여 헤르메스라 일컫습니다. 당시 우상을 섬기던 제우스 신당의 제사장이 소와 화환을 가지고 와서 그들 앞에서 제사하고자 하던 장면이 바로 이 그림의 상황입니다.

이 그림은 러시아 상트페테르부르크 국립 에르미타주 박물관 내부에 속한 에르미타주 미술관에 소장되어 있는데, 제 평생에 꼭 가보고 싶은 도시이자 미술관입니다. 코로나 판데믹과 러우 전쟁의 여파로 박물관 방문이 계속 미루어지고 있지만 제 버킷리스트의 최상단을 장식하고 있는 장소이기도 합니다. 에르미타주 박물관은 영국의 대영 박물관과 프랑스의 루브르 박물관과 더불어 세계 3대 박물관으로 손꼽힙니다.

박물관의 이름은 고대 그리스어로 은둔자를 뜻하는 'eremites'에서 유래한 것인데 박물관 설립 초기에는 한정된 왕과 귀족들이 많이 누리는 공간이라는 의미로 '은둔자의 집'이라 불렸던 이유에 뿌리를 두고 있지요. 박물관에는 천 개가 넘는 방에 르네상스부터 인상주의에 이르는 서양의 명화와 고대 이집트를 비롯한 각종 고고학적 유물 300만 점이 소장되어 있다고 합니다.

루스드라를 방문한 바울과 바나바의 장면을 그린 야코프 요르단스(Jacob Jordaens 1593-1678)는 지금의 벨기에 지역인 안트베르펜에서 태어난 17세기의 플랑드르 화가로 루벤스(Peter Paul Rubens), 반다이크(Anthony van Dyck)와 함께 플랑드르의 3대 바로크 화가 중 한 명입니다. 야코프는 1621년부터 루벤스 문하에서 일하기 시작했으며, 1640년부터 루벤스의 주요 동료가 되어 루벤스가 작고한 이후, 원래 루벤스에게 맡겨졌던 많은 중요한 작품이 야코프 요르단스에 의해 완성되었습니다. 루벤스의 영향과는 별개로 그는 당시 천재 화가 중 하나였던 카라바조(Caravaggio)의 영향을 많이 받은 것으로 알려져 있습니다.

어떤 도시를 들러도 이방인들에게 복음을 전하기에 앞서 항상 유대인 회당을 들러 그들의 동족에게 복음을 먼저 설파해 온 바울과 바나바에게는 실은 환대보다는 욕설과 위협을 마주하는 경우가 대부분이었습니다. 물론 그중에는 사람들이 복음을 듣고 예수를 영접하는 수많은 역사가 함께했지만 어딜 가나 두 사람은 언제 죽거나 쫓겨날지 모르는 신성모독죄인으로 몰리는 것이 현실이었습니다. 그러니 지금 그들은 전도여행 중에 처음으로 극진한 대접과 존경을 받는 상황에 놓인 것입니다.

만약 제가 그 당시 바울이라면 어떻게 행동했을까요? 겸손과 사양의 모양새는 갖출지언정 그들의 접대와 존경을 조금은 즐기지 않았을까요? 만나기만 하면 멱살을 잡던 사람들 사이에서 처음으로 받은 환대 앞에, 사람이라면 응당 잠시 느슨해질 수도 있었으리라 생각합니다. 그러나 바나바와 바울은 즉각 옷을 찢으며 자신들도 당신들과 같은 성정의 사람일 뿐이라며 이러한 반응에 즉각 대응합니다. 오히려 그들이 복음을 전하는 목적은 이러한 우상숭배의 헛된 일을 버리고 창조주 하나님께 돌아오게 하려는 것이라고 설파합니다. 그러나 그들을 신기하게 쳐다보고 있는 그림 안의 사람들의 시선을 보면 바울의 말과 제스처가 허무하게 느껴지기까지 합니다.

이러한 상황에 저를 대입해 보는 이유는 실은 저도 최근에 비슷한 경험을 한 적이 있기 때문입니다. 저는 놀랍게도 하나님의 은혜로 24년 11월 2일 〈다니엘기도회〉의 둘째 날 강사로 강단에 서서 삶을 간증한 바가 있습니다. 앞서 적은 에피소드를 떠올린다면, 제가 의대교수 시절에 베데스다 연못에서 예수님을 만나 고침을 받은 38년 된 병자이야기를 묵상하다가 어느 환우를 만난 이야기를 기억하실 겁니다. 실제로 38년 된 선천성 근긴장이상증 환우를 보툴리늄 톡신으로 치료에 성공한 에피소드를 다니엘기도회에서 잠시 언급했을 뿐인데, 그 이후 기적적으로 병이 낫거나 치료되길 소원하며 적지 않은 분이 제가 운영하는 병원을 방문하기 시작했습니다. 제 간증의 단편적인 에피소드를 기도회에 가져온 본인의 기도 제목에 대한 응답으로 믿고, 희망의 끈으로 먼길을 마다않고 꽤 많은 분들이 찾아오신 것이죠. 그럴 때마다 '저도 제 목숨도 겨우 건진 무력한 사람에 불과합니다'라고 말하며 그들이 붙잡을 대상은 내가 아닌 주님임을 상기시켜 주곤 합니다. 물론 내가 가진 최선의 방법으로 그들을 상담하고 치료하지만 진정한 치유는 하나님께 속한 것임을 잊지 않고 강조해오고 있습니다.

  이러한 두 선교사의 주님 앞에서의 선명한 태도와 행위는 숭고하고 아름답게 다가옵니다. 하지만 이어지는 이야기는 충격적입니다. 이웃한 도시였던 비시디아 안디옥과 이고니온에서부터 바울을 찾아온 유대인들은 바울을 기어이 찾아내어 죽기까지 돌로 치고 버립니다. 바울의 이 명확한 신앙고백 뒤에 발생한 이러한 폭력과 위협은 저 같은 평범한 사람들에게는 선뜻 받아들이기 힘든 스토리이기까지 합니다. 게다가 저라면 죽을 뻔

한 기억으로 PTSD(외상 후 스트레스 장애)를 선사한 이 루스드라라는 도시를 다시는 방문하지 않을 텐데, 바울은 망설임 없이 남은 신자들을 만나러 되돌아가는 용기 있는 행보를 보여줍니다. 사도행전을 읽어 가다 보면 바울을 비롯한 사도들의 이러한 아슬아슬한 이야기가 앞뒤로 빼곡히 적혀 있습니다. 이 시대에 신앙인으로 살아가기 위해 아무런 외적 핍박이 없는 우리에게 사도 바울은 이와 같이 말합니다.

> 제자들의 마음을 굳게 하여 이 믿음에 머물러 있으라 권하고 또 우리가 하나님의 나라에 들어가려면 많은 환난을 겪어야 할 것이라(행 14:22).

이 구절에서 저는 잠시 짙은 눈물이 시야를 가렸습니다. 사도 바울이 로마교회에 보낸 편지에서 적은 구절이 눈물 사이로 떠올랐기 때문입니다.

> 우리가 환난 중에도 즐거워하나니 이는 환난은 인내를,
> 인내는 연단을, 연단은 소망을 이루는 줄 앎이로다(롬 5:3-4).

사도행전 28장에서 바울이 멜리데(몰타) 섬에 난파하여 기적을 베푼 뒤 로마로 압송되며 기록이 마무리됩니다. 이제 사도행전

다음의 이야기를 우리가 기록해 나가야 하지 않을까요? 저는 바울을 쫓아 완도군의 소외된 낙도를 방문하여 낙도행전을 써 내려가고 있습니다. 또한 일상에서 선교적 삶을 살아가며 이 책의 원고를 기록했습니다. 이제 여러분에게 질문을 넘깁니다. 여러분의 사도행전 29장은 무엇으로 써내려가고 있으신가요?

런던 내셔널 갤러리에서

가인과 아벨
마음을 지키는 일

페테르 파울 루벤스, 〈형제 아벨을 살해하는 가인〉, 1600, 코톨드 갤러리.

코톨드 갤러리(The Courtauld Gallery)는 런던의 뮤지컬 극장이 즐비한 코벤트 가든(Covent garden) 옆에 위치한 엄청난 소장품을 자랑하는 작지만 명성 있는 미술관입니다. 유료이고 규모가 작아서 많은 런던 여행객들이 생략하는 경우가 대부분입니다. 하지만 미술 애호가들에게는 거의 모든 미술관이 무료인 런던에서 비용을 치르면서까지 꼭 들러야 할 성지 같은 곳이기도 합니다. 이 갤러리는 특히 인상주의 화가들의 수집품으로 유명합니다. 이곳이 소장한 회화는 중세부터 근대에 이르기까지 서양 미술사 교과서에 등장할 정도로 유명한 작품들을 소유한 작지만 저력 있는 갤러리입니다.

　제가 이곳을 방문한 것은 2014년 2월, 아들이 초등학교 2학년이던 시절이었습니다. 저는 아들과 둘만의 유럽여행을 떠났습니다. 모든 것을 초등학생인 아들에게 맞추어 여행하다가 이 갤러리는 특별히 저를 위해 준비한 시간이었습니다. 갤러리에 도착하자 저는 수많은 명화 앞에서 아들에게 색연필과 수첩을 쥐여 주었습니다. 천진난만한 아들은 이 그림들이 얼마짜리인지 상상도 하지 못한 채 바닥에 주저앉아 사랑스러운 모습으로 마

코톨드 갤러리

음껏 그림을 그렸습니다. 지나가는 관람객들마다 조그만 동양 남자아이가 바닥이나 소파에 누워 그림을 그리고 있으니 다가와 그림을 구경하고선 엄지를 치켜세웠습니다. 그러고는 아빠인 제게 환한 미소로 눈인사를 건네고 지나갔습니다.

갤러리(Gallery)와 뮤지엄(Museum)은 사실 모두 미술관으로 번역하지만 실제로는 다른 의미와 역할을 가집니다. 갤러리는 예술품을 사고파는 비즈니스를 하는 곳을 말하고, 미술관은 보통 비영리적 특성을 갖습니다. 그래서 이 코톨드 갤러리도 '코톨드'라는 한 가문에서 모은 수집품들이며 상업적 목적도 가진 갤러리인 것입니다. 정부가 운영하는 런던의 무료 미술관들과는 달리 입장료가 유료라는 점은 이름만 봐도 알아차릴 수 있는 부분입니다. 이 정도 규모의 사립 갤러리를 유지하기 위해 유료 운영을 할 수밖에 없는 점은 십분 이해가 됩니다.

저는 아이가 다른 곳에 집중해 주는 감사한 시간을 틈타 두리번대며 한 작품을 찾았습니다. 바로 이 그림을 보기 위해 갤러리를 찾은 것이었습니다. 마침내 발견한 그림은 바로 마네의 유작인 〈폴리-베르제르의 술집〉입니다. 살롱의 모든 비평가로부터 찬사를 받은 마네의 마지막 작품으로, 루브르 박물관의 〈모나리자〉처럼 이 그림 앞에는 마네의 찬란한 결과물을 감상하려는 사람들로 언제나 장사진입니다. 실제로 그림을 발견한 저의 감상은 먼저 생각보다 더 거대한 작품이라는 사실입니다. 크기 96×130cm에 달하는 이 작품은 마치 그림의 구도처럼 하나의 거울을 들여다보고 있는 듯한 착각마저 줍니다, 여성 바텐더를 배경으로 한 거울에 등장하는 실제 술집의 풍경을 그린 작품입니다. 평론가들에게 원근법과는 맞지 않는 상상의 결과물이라는 논쟁이 오랫동안 존재해 왔습니다. 하지만 2000년에 똑같은 배경으로 실사 사진을 찍어 이 그림이 사실에 근거한 그림임이 증명되었고, 마네는 밀레니엄에야 비로소 이 논쟁에서 해방을 맞게 된 역사적 그림이기도 합니다.

하지만 이 엄청난 거장들의 그림이 가득했던 갤러리에서 예상과 달리 저를 사로잡았던 그림이 따로 있었습니다. 루벤스가 그린 인류 최초의 살인 사건, 바로 '가인과 아벨'에 관한 회화입니다. 그림에서 형은 동생의 목을 부여잡고 무서운 살기로 흉기를 내려치고 있었습니다.

당시 저에게는 끔찍이 증오하던 사람이 있었습니다. 그림을 보는 순간, 그가 그림에 겹쳐 보이며 내게도 이런 악한 충동이 있다는 사실에 스스로 깜짝 놀랐던 것입니다. 잠시나마 나를 돌아보며 이러한 적개심이 얼마나 나 자신을 망가뜨리는지 깨닫고 용서와 평화의 마음을 가지자고 스스로에게 당부했습니다.

그러고 나서 뒤를 돌아보았더니 아들은 천진난만하게 그림 채색에 몰두하고 있었습니다. 바라보기만 해도 사랑스러운 자녀가 있다는 것은 얼마나 큰 인생의 축복이고 소망이 되는지 모릅니다. 아들을 위해서라도 내 안의 증오심을 다스려야겠다고 다시 다짐했습니다.

욥기 5장 2절에 이런 구절이 있습니다.

> 분노가 미련한 자를 죽이고 시기가 어리석은 자를 멸하느니라.
> Resentment kills a fool, and envy slays the simple

여기서 이 명화의 원제 'Cain slaying his brother Abel'과 같은 뜻의 '깊은 원한을 품음'이라는 'resentment'와 '죽도록 시기하다'라는 의미를 가진 'slay'라는 단어가 말씀에 등장합니다. 이

에두아르 마네, 〈폴리-베르제르의 술집〉, 1882, 런던 코톨드 갤러리.

적개심은 결국 타인에게 투사되면 살인을, 자신에게 머무르게 놔두는 미련한 자에게는 스스로를 죽이는 결과를 초래한다고 성경은 분명히 경고하고 있습니다.

그림에 홀려 있던 저는 다시 현실로 복귀합니다. 실은 오늘 분을 참지 못하고 누군가에게 크게 화를 내고 말았습니다. 까닭 없이 그런 것도 아니고 누구나 그럴 만한 일이었다며 스스로 합리화할 수 있는 일이었습니다. 하지만 저는 제 안의 누적된 분노와 적개심이 시나브로 꽤 자라났음을 알아차렸습니다. 너무 많은 일과 스트레스 그리고 주변의 자극에 많이 지치고 쇠잔해졌음을 인정하지 않을 수 없었습니다.

특히 마음에 이러한 부정적 정서가 자리 잡으니 그간 공들여 쌓은 선한 마음도 너무 쉽게 붕괴됩니다. 나아가 남을 돕거나 섬기고 싶은 생각이 정말 순식간에 사라지는 것을 발견합니다. 그래서 마음을 다스림이 얼마나 중요하며 이것이 나를 얼마나 좌지우지하는지 깨닫게 됩니다. 마음을 지키는 것, 하나님 안에서 얻는 평안과 주님과의 연결을 놓치지 않도록 노력하며 몸부림쳐 볼 생각입니다. 내 안에 주님의 영이 함께 하시기를 기도하고 소망합니다.

실천을 위해 당분간 공적인 업무나 내 자신과 약속한 일정 외에는 모든 것에서 조금 물러나 나 자신을 돌아보는 시간을 가지기로 합니다. SNS fasting(온라인 금식)도 시작해보려고 합니다. 그냥 묵묵히 하던 일을 하되 꼭 필요하지 않은 일은 가지치기를 해나가도록 신경 써야겠습니다. 나의 이러한 약함과 부족함이 오히려 주의 온전하심과 은혜가 드러나는 통로가 되기를 소망합니다.

아들은 시간이 흘러 이제 거의 성인이 되었고 아버지인 저의 키를 넘어넘고 있습니다. 덩치는 훌쩍 커버린 아들이지만 저에게는 여전히 사랑스럽고 귀여운 자녀입니다. 성장한 나를 바라보시는 절대자의 시선도 이와 같이 관대하심을 묵상해 봅니다.

다윗과 우리아

영적 긴장의 끈을 놓지 않는 일

피터르 라스트만, 〈요압에게 줄 편지를 우리아에게 건네는 다윗〉, 1619, 레이든 컬렉션.

성경에는 의외의 순간이 등장할 때가 있는데, 바로 의인으로 비춰지던 사람이 한순간에 무너질 때입니다. 다윗의 간음과 살인에 대한 이야기도 마찬가지입니다. 자신을 죽이지 못해 안달이던 사울을 죽일 기회가 왔음에도, 하나님의 기름 부음 받은 자를 해칠 수 없다며 놓아주었던 다윗입니다. 그런데 그런 그가 믿기 힘든 죄악을 저지르는 순간입니다. 단순히 밧세바를 범하고 자신의 아내로 삼으려는 행동도 용서 받기 힘든 죄악인데, 다윗은 밧세바를 집으로 돌려보낸 뒤, 전장의 충성스러운 신하인 우리아를 불러와 밧세바와 동침시켜 자신의 과오를 세탁하려 합니다. 나아가 이 시도 또한 의로운 우리아의 절제를 통해 무산되자 그를 전쟁의 최전선으로 내보내어 죽게 만듭니다. 이렇듯 죄가 또 다른 죄를 잉태하는 현장을 우리는 피터르 라스트만(Pieter Lastman, 1583–1633)이라는 거장의 그림을 통해 다시 들여다볼 기회를 가질 수 있습니다.

피터르 라스트만은 서구에서 잘 알려진 유명한 성서 화가입니다. 그의 문하에 렘브란트와 루벤스가 있었을 정도로 당시에 추앙받는 실력 있는 화가였습니다. 그는 역사적으로 화가들이 그리기 꺼려했던 이 주제를 정면으로 돌파하는 기세를 보여줍니다. 실제로 사무엘하 11장 14절에 이러한 구절이 등장합니다.

> 아침이 되매 다윗이 편지를 써서 우리아의 손에 들려 요압에게 보내니

히타이트족 출신의 충성된 신하인 우리아를 맹렬한 전장의 선두에 세워 죽게하라는 명령이 담긴 편지를, 우리아 자신의 손으로 장군인 요압에게 전달하게 했다고 기록되어 있습니다. 위대한 역사가인 요세푸스의 1세기 기록에 따르면 다윗은 편지를 쓴 뒤 자신의 인장을 찍어 봉인하여 우리아에게 전했다고 합니다.[1] 실제로 이에 따라 라스트만이 그린 이 주제의 두 가지 서로 비슷한 그림 모두에서 인장으로 봉해진 편지를 전달하는 장면을 강조하여 묘사하고 있습니다.

두 그림에서 모두 다윗은 허공을 쳐다보며 우리아와 시선을 마주치지 않고 있습니다. 평생을 의롭게 살아온 그로서는 가책에 시달리는 행동이 틀림없었음을 알아차릴 수 있습니다. 그의 오른손은 소심하게 우리아에게 편지를 전하고 있습니다. 다만 다윗 왕 옆에 위치한 신하만이 모든 상황을 눈치 채고 이 둘의 어색한 만남을 지켜보며 미묘한 표정을 짓고 있을 뿐입니다.

우리아가 죽은 후 밧세바는 그의 남편을 위해 통곡합니다. 장

피터르 라스트만, 〈우리아에게 편지를 건네는 다윗〉, 1619, 레이든 컬렉션.

피터르 라스트만,
〈밧세바의 목욕〉, 1619,
레이든 컬렉션.

례를 마친 뒤 다윗은 밧세바를 아내로 맞이해 아들을 낳았으나 성경은 다윗이 행한 이 일이 여호와 보시기에 악하였더라고 기록하고 있지요. 그리고 이 이야기는 사무엘하 12장의 나단의 등장으로 2막이 열립니다.

그의 죄악을 지적하는 나단 선지자의 말에 다윗은 하나님께 용서를 구하였고, 다윗의 목숨은 구원 받았으나 그의 아들은 반드시 죽으리라고 나단은 예언합니다. 그의 아들은 간절한 다윗의 간구에도 불구하고 병을 앓아 죽고 맙니다. 그리고 밧세바에게서 다시 아들을 얻는데 그가 바로 다윗의 왕위를 잇는 솔로몬이라는 유명한 에피소드입니다.

라스트만은 다윗이 우리아에게 편지를 전달하기 전에 왕궁 옥상을 거닐다가 목욕하는 밧세바를 보고 반하는 장면 또한 비

숫한 구성의 두 그림을 그린 이후, 다시 같은 해에 그려 냈습니다. 심히 아름다웠던 그녀를 바라보고 탐하는 장면을 묘사한 이 그림은 러시아 상트페테르부르크 에르미타주 국립 박물관에 소장되어 있습니다. 저 멀리 궁중 발코니에서 밧세바를 바라보는 다윗의 흔들리는 심정을 상상하면, 평범한 남자인 우리조차도 얼마나 이를 조심해야 하는지를 경고하는 듯합니다.

  더 생각해 보아야 할 점은 다윗이 사울 왕과의 전투에 쫓기며 광야를 전전할 때에는 그에게 이러한 유혹이 스며들 틈이 없었다는 점입니다. 왕권의 기초가 든든히 서게 될 때야 비로소 남성에게 찾아오는 유혹의 시간은 반드시 염두에 두어야 할 만한 부분입니다. 주의 은혜와 성과를 누리고 안정을 누리는 그 시간이 바로 사단이 죄의 함성을 피는 아주 위험한 슈가이라는 점입니다. 즉, 광야에서 보내는 시간보다는 오히려 가나안에 입성한 이후의 시간이 신앙적으로 더 큰 유혹이 예고되는 것입니다.

  우리는 어려움 없는 평탄한 삶을 원합니다. 그러나 주님을 붙잡을 필요가 없는 순탄한 인생은 어느 순간 마음에 유혹과 죄악이 슬며시 자리 잡게 된다는 사실을 기억할 필요가 있습니다. 걱정 없는 인생을 바라기보다는 고민과 슬픔에 압도되거나 좌지우지 되지 않는 삶을 기도해야 할 것입니다. 하지만 무엇보다도 그 어떤 순간에도 주님의 임재와 말씀을 통한 영적 긴장의 끈을 놓치지 말고 살아가야 할 숙제가 우리 모두에게 존재한다고 믿습니다.

> 음심이 가득한 눈을 가지고 범죄하기를 그치지 아니하고 굳세지 못한 영혼들을 유혹하며 탐욕에 연단된 마음을 가진 자들이니 저주의 자식이라(벧후 2:14).

나는 미술관에서
하나님을 만납니다

에스더와 아하수에로왕
믿음을 위해 대가를 치른 적이 있나요?

고르치우스 겔도르프, 〈아하수에로와 에스더〉, 1612, 레이든 컬렉션.

익숙한 구약의 한 주제인 「에스더」는 바벨론 포로 생활 중 동포인 유대민족을 구하기 위해 죽음을 각오한 여주인공의 영웅적 이야기입니다. 흥미진진한 스토리 덕분에 여러 작품의 소재가 되어 왔습니다. 네덜란드의 유명화가인 렘브란트와 루벤스도 에스더와 아하수에로왕의 만남을 그린 그림들을 여럿 남겼습니다. 그런데 고르치우스 겔도르프(Gortzius Geldorp, 1533-1616)의 그림은 두 가지면에서 기존 거장들의 역사화들과 다른 특징을 갖습니다.

 첫째로, 기존의 성화들은 높은 왕좌에 앉아 있던 아하수에로왕 앞으로 다가와 두려움에 기절할 듯한 에스더의 모습을 담고 있는 것이 대부분입니다. 고전적인 그림의 대표적인 예인 틴토레토의 그림을 한번 살펴보겠습니다. 16세기 베네치아 화가인 틴토레토(Tintoretto, 1518-1594)는 기절하는 에스더의 고전적인 화면과 이에 놀라 높은 왕좌 위에서 염려하며 내려오는 아하수에로의 극적인 장면을 그린 최초의 화가로 알려져 있습니다. 이 이야기는 히브리어 성경과 개신교 성경에는 등장하지 않는 헬라어로 추가된 외경에만 담겨 있는 내용입니다. 가톨릭에서만 정경의 내용으로 포함되기 때문에 개신교도들에게는 생경한 장면일 수도 있습니다.

사흘째 되는 날, 에스테르는 왕비의 정장을 하고서 왕궁을 마주 보고 그 앞뜰에 섰다. 임금은 궁궐 안 왕좌에 대문을 마주하고 앉아 있었다. 사흘째 되는 날, 기도를 마친 에스테르는 기도복을 벗고 화려한 옷을 입었다. 그는 호화롭게 차려입고서, 모든 것을 보시는 구원자 하느님께 간청한 뒤, 두 시녀를 데리고 나섰다. 그리고 기운이 없는 듯한 시녀에게 몸을 기대자, 다른 시녀가 그의 옷자락을 받쳐 들고 뒤를 따랐다. 홍조를 띤 에스테르는 지극히 아름다웠다. 그의 얼굴은 사랑받는 여인처럼 화사했지만, 마음은 두려움으로 조여들었다. 에스테르는 문들을 모두 지나서 임금 앞에 섰다. 임금은 온통 금과 보석으로 번쩍이는 어의로 성장하고 자기 왕국의 왕좌에 앉아 있었는데, 그는 보기에도 두려운 모습이었다. 그가 영광으로 빛나는 얼굴을 들고 지극히 노여운 눈으로 쳐다보자, 왕비는 실신하여 쓰러지면서 창백한 얼굴로, 앞서 가는 시녀의 머리에 몸을 기댔다.
그때 하느님께서 임금의 영을 부드럽게 바꾸어 놓으시자, 임금은 깜짝 놀라 왕좌에서 벌떡 일어나 왕비가 정신을 차릴 때까지 그를 팔에 안았다. 그러고서는 다정한 말로 위로하며 말했다(가톨릭 성경. 에스테르 5장).

틴토레토, 〈아하수에로 앞의 에스더〉, 1546, 런던 켄싱턴 궁전 킹스 갤러리.

페테르 파울 루벤스,
〈아하수에로 앞의 에스더〉, 1620,
안트베르펜 예수회 성당 천장화.

  이렇듯 극적인 구조의 내용은 틴토레토 이후 많은 화가들에게 영감과 표현의 대상이 되었습니다.

  유명한 가톨릭 교도였던 루벤스(Peter Paul Rubens, 1577-1640)도 안트베르펜의 예수회 교회인 성 카를로 보로메오 천장화 중 하나로 이 주제를 그려 넣었습니다. 천장화의 특성상 위에서 바닥 쪽으로 에스더가 떨어질 듯한 구성으로 그림을 완성했습니다. 그래서 전체적인 원근법은 아래에서 위로 향하는 듯한 구성을 가지고 있습니다. 물론 왕좌에 앉아 있다가 크게 놀란 아하수에로 왕이 용서와 자비를 상징하는 금홀을 그녀에게 급히 내미는 장면이 추가되어 있지요. 에스더 7장에는 하만에게 반격하는 에스더와 모르드개의 활약이 등장합니다. 에스더의 용기로 인해 이 드라마는 극적 전환을 맞는데, 하만의 모략이 에스더를 통해 왕에게 들통나면서 모르드개를 달려고 만든 높은 나무에 오히려 하만 자신이 나무에 달리는 아이러니한 결말을 봅니다.

> 왕이 하만과 함께 또 왕후 에스더의 잔치에 가니라 왕이 이 둘째 날 잔치에 술을 마실 때에 다시 에스더에게 물어 이르되 왕후 에스더여 그대의 소청이 무엇이냐 곧 허락하겠노라 그대의 요구가 무엇이냐 곧 나라의 절반이라 할지라도 시행하겠노라 왕후 에스더가 대답하여 이르되 나와 내 민족이 팔려서 죽임과 도륙함과 진멸함을 당하게 되었나이다 아하수에로 왕이 왕후 에스더에게 말하여 이르되 감히 이런 일을 심중에 품은 자가 누구며 그가 어디 있느냐 하니 에스더가 이르되 대적과 원수는 이 악한 하만이니이다 하니 하만이 왕과 왕후 앞에서 두려워하거늘 왕이 이르되 하만을 그 나무에 달라 하매 모르드개를 매달려고 한 나무에 하만을 다니 왕의 노가 그치니라(에 7:1-10).

반면에 개신교도였던 렘브란트(Rembrandt van Rijn, 1606-1669)는 기독교 정경에 등장한 이야기로 에스더와 관련한 여러 그림을 남겼습니다. 제가 좋아하는 그림은 에스더의 실신 장면이 아닌 그녀가 아하수에로 왕의 우편에 앉아 사형을 피하기 위해 자비를 구하는 하만에게 사형을 선고하는 장면입니다. 배신감과 분노로 노한 아하수에로의 표정이 그의 심정을 짐작케 하며, 자비를 구하는 하만의 고통스러운 절규가 그림 밖으로까지 전해지는 듯합니다. 그에 비해 에스더는 덤덤한 표정을 짓고 있네요. 서두의 고르치우스의 그림에 등장한 에스더와 렘브란트의 그림 속 그녀의 표정을 비교하면 고르치우스가 그린 그림 속 왕과 왕비를 보면, 긴박하거나 극적인 긴장을 담은 다른 성화들과는 달리 마치 사이좋은 부부의 초상화 같은 느낌을 줍니다.

고르치우스 그림의 두 번째 차이점은 구약성서의 등장 인물들에게는 결코 사용하지 않는 에스더 왕후 머리 뒤의 후광입니다. 이건 이례적인 장치입니다. 후광은 신약의 성인들에게만 사용되는 묘사법이기 때문입니다. 그림 속 호화로운 부부의 복장은 왕족의 지위를 강조하고 있습니다. 그래서 평론가들은 고르치우스가 17세기 독일 쾰른 지방의 가톨릭 신도의 부유한 고객들에게 그의 그림을 어필하기 위한 장치로 이 후광을 사용했다고 추측하고 있습니다. 또한 에스더에게 내민 아하수에로 왕의 금홀은 1세기 역사가인 요세푸스의 『유대 고대사 II』에서 유래한 것으로 보입니다. 이것은 아하수에로 왕의 온전한 돌봄과 사랑이 화가에게 그림을 의뢰한 귀족 부부들에게도 임하기를 바라는 소망이 담긴 것으로 추측하고 있습니다.

렘브란트, 〈에스더에게 자비를 구하는 하만〉, 1660, 루마니아 국립미술관.

아하수에로 왕은 왕좌에서 뛰어내려 에스더를 팔에 안고 끌어안으며 말했다. 그녀에게 평안하고 안전할 거라고 약속한 뒤 그녀의 손에 왕의 홀을 쥐어주었다.[2]

그렇지만 에스더서에서 가장 강조되어야 할 주제는 부부간의 사랑이나 화합이 결코 아닙니다. 유대 민족 전체가 멸절되기 직전, 운명을 좌우지할 수 있는 순간에 왕비의 자리에서 자신의 안위를 누리지 않고 하나님의 도구로 기꺼이 헌신하며 나서는 에스더의 용기가 바로 핵심입니다. 에스더서에 가장 유명한 구절은 다음 부분입니다.

이 때에 네가 만일 잠잠하여 말이 없으면 유다인은 다른 데로 말미암아 놓임과 구원을 얻으려니와 너와 네 아버지 집은 멸망하리라 네가 왕후의 자리를 얻은 것이 **이 때를 위함이 아닌지 누가 알겠느냐** 하니 에스더가 모르드개에게 회답하여 이르되 당신은 가서 수산에 있는 유다인을 다 모으고 나를 위하여 금식하되 밤낮 삼 일을 먹지도 말고 마시지도 마소서 나도 나의 시녀와 더불어 이렇게 금식한 후에 규례를 어기고 왕에게 나아가리니 **죽으면 죽으리이다** 하니라 모르드개가 가서 에스더가 명령한 대로 다 행하니라(에 4:14-17).

왕가의 비정한 암투와 보복으로 가득한 이 에스더서는 비밀과 고발이 난무하는 비정한 궁중드라마입니다. 그러나 죽음을 무릅쓰고 동포를 구하려는 에스더는 유대인들의 영웅이자 교인들의 믿음의 영감이기도 합니다.

우리 시대의 믿음에 대해 우리가 치러야 할 대가와 손해는 무엇이 있습니까? 만약 일제시대와 같이 신사참배를 거부하며 목숨을 걸어야 하는 순간이 우리에게 주어진다면 우리 각자는 과연 어떻게 행동할까요? 정직하게 자문해 보지 않을 수 없습니다.

> 보라 이제 나는 성령에 매여 예루살렘으로 가는데 거기서 무슨 일을 당할는지 알지 못하노라 오직 성령이 각 성에서 내게 증언하여 결박과 환난이 나를 기다린다 하시나 내가 달려갈 길과 주 예수께 받은 사명 곧 하나님의 은혜의 복음을 증언하는 일을 마치려 함에는 나의 생명조차 조금도 귀한 것으로 여기지 아니하노라(행 20:22-24).

에베소 장로들에게 선교여행을 앞두고 고별 설교를 하는 바울에게서 그의 죽음에 대한 각오를 엿볼 수 있습니다. 저도 바울처럼 사명과 믿음 앞에서 생명을 귀히 여기지 않는 순결하고 선명한 각오를 주께 겸손히 구해 봅니다.

나아만 장군과 엘리사 세상에서 구별된 자로 살아가는 일
룻과 보아스 이토록 로맨틱하고 인간적인 하나님의 인도
선한 사마리아인 나도 버림받고 죽을 수밖에 없는 인생이었다
반 고흐와 아버지 매일의 일상에서 드러나는 기쁨
피에타 맡겨진 사명을 다한 예수님의 미소
쓸쓸한 나의 그리스도 아버지여, 할 만하시거든
도마에 대한 오해 주를 향한 확신과 확증

2부

나아만 장군과 엘리사

세상에서 구별된 자로 살아가는 일

아브라함 반 데이크, 〈나아만의 선물을 거절하는 엘리사〉, 1655, 개인 소장.

17세기 네덜란드 회화는 렘브란트, 루벤스, 반 다이크 등의 찬란했던 작가들이 쏟아져 나온 '네덜란드의 예술의 황금기'로 일컬어집니다.

  이 중 렘브란트와 루벤스는 비슷한 시대의 대표적 화가이지만 사실은 여러 차이점이 있습니다. 우선 렘브란트는 독일 태생(국경의 개념이 모호하던 시대)으로 현재의 네덜란드에 머무르며 개신교의 개혁적 성서 그림을 많이 생산해 냈습니다. 반면에 루벤스는 유럽의 권력자들과 교류하며 같은 성서 그림이라고 하더라도 좀 더 가톨릭적 반개혁적 그림을 제작한 점이 크게 대조됩니다.

  이 시기를 공부하다가 알게 된 재미있는 사실이 하나 있습니다. 바로 '반 다이크'라는 유명한 화가가 이 시대에 두 명이 존재했다는 사실입니다. 또한 이 동명의 화가들은 각각 렘브란트와 루벤스의 직접적인 제자이기도 합니다.

  우선 루벤스의 제자 중의 한 사람은 플랑드르(벨기에 북부를 의미하는 지방) 초상화가로 유명한 안토니 반 다이크(Anthony van Dyck, 1599-1641)입니다. 그는 영국 왕실과 회화에 중요한 영향을 끼친 뛰어난 화가로서 향후 스승이었던 루벤스에 필적할 정도로 명성을 인정받게 됩니다.

특히 반 다이크 브라운(Van Dyke brown)이라는 물감은 안토니 반 다이크의 이름을 딴 짙은 갈색으로 플랑드르 회화 이래 아주 세련된 색채로 많은 예술가의 영감의 소재로 이미 자리 잡은 색채입니다.

나머지 한 사람은 17세기 네덜란드 회화 황금기의 일인자로 불리우는 렘브란트의 제자 아브라함 반 데이크(Abraham van Dijck, 1635-1672)입니다. 공교롭게도 이 두 화가 모두 A. V. D.라는 약자로 불리는 경우가 많으며 시대도 17세기로 비슷해 동일인으로 알고 있는 경우가 많습니다. 하지만 오늘은 유명한 안토니 반 다이크가 아니라 성경 속 인물인 엘리사와 나아만 장군의 회화를 그린 이 아브라함 반 데이크의 회화를 다루어 보려고 합니다.

아브라함 반 데이크는 그림의 형태 또한 스승인 렘브란트의 영향을 받은 것이 고스란히 드러납니다. 빛의 대조를 중시하며 인물의 인상과 표정에 집중하게 하는 힘을 그대로 물려받은 듯 합니다. 반 다이크가 〈나아만의 선물을 거절하는 엘리사〉(Elisa Refuses the Gifts of Naeman)라는 그림을 그린 바 있습니다. 이는 개인 소장품이기에 일반에 공개되지 않아서 잘 모르는 분들이 많습니다. 이 그림은 열왕기하 5장 15절을 바탕으로 그려진 성

안토니 반 다이크, 〈예술가의 초상〉, 1655

 반 다이크 브라운

서화로 줄거리는 다음과 같습니다.

나아만 장군은 지금의 시리아 지방인 아람이라는 국가의 영웅 대접을 받는 군대 장관입니다. 하지만 그는 나병환자였습니다. 이스라엘 땅에서 잡혀 온 하녀가 그에게 사마리아에 있는 선지자 엘리사를 만나 이를 해결해 볼 것을 그에게 권합니다. 나아만은 아람 왕과 이스라엘 왕의 허락을 얻어 엘리사를 만나게 됩니다.

하지만 어렵게 만난 엘리사는 그를 문전박대하듯 요단강에 몸을 일곱 번 씻으면 회복될 것이라고만 전합니다. 처음엔 이를 노엽게 여기던 나아만이 결국 순종하였고, 병나음을 얻게 됩니다. 그 후 나아만 장군은 온 천하에 하나님만이 진정한 신이라며 찬송합니다. 그는 떠나며 엘리사에게 예물을 전하려 하지만 엘리사는 이를 거절합니다.

이를 옆에서 듣고 욕심이 생긴 엘리사의 종 게하시는 나아만을 쫓아가 거짓말로 은과 의복을 선물로 받아옵니다. 그가 돌아왔을 때 엘리사가 이를 알고 게하시를 저주하여 그 탐욕의 대가로 나병이 들게 합니다.

이 아브라함 반 데이크의 그림과 거의 같은 성서의 장면을 묘사한 그림이 비슷한 시기에 그려졌는데 이를 비교해서 보면 더 재미있습니다. 다른 그림은 페르디난트 볼(Ferdinand Bol, 1616-1680)이라는 같은 네덜란드 화가에게서 그려진 그림입니다.

페르디난트 볼은 1636-1641년까지 암스테르담에서 렘브란트에게 그림을 배운 것으로 추정됩니다. 이후 그는 스스로의 작품을 추구했지만, 그의 초기 작품은 렘브란트의 작품과 너무 닮아서 후대에 렘브란트의 작품으로 오해를 받기도 합니다.

즉, 또 다른 렘브란트의 제자인 페르디난트 볼 또한 같은 장면의 성서화 〈나아만의 선물을 거절하는 엘리사〉를 그림으로 남겼는데 이는 암스테르담의 암스테르담 미술관에 소장되어 있습니다. 아브라함 반 데이크의 그림과 비슷하면서도 다른 인물과 화면을 선사합니다.

아브라함 반 데이크의 그림과 비교하면 엘리사는 터번을 두

페르디난트 볼, 〈나아만의 선물을 거절하는 엘리사〉, 1661, 암스테르담 박물관.

른 다소 아랍인 같은 복장으로 묘사하였고 나아만 장군은 갑옷을 입은 전쟁영웅적인 면모를 더 부각하고 있는 것으로 보입니다. 좌측의 부하들은 말과 낙타를 이룬 군대임을 더 묘사하고 있으나 전체적으로 그림자 처리를 하여 상대적으로 우측의 두 인물에 집중하게 하는 대조적 장치를 사용하고 있는 점이 차이점입니다. 이러한 빛의 명암을 두어 인물의 표정에 집중하는 기법은 분명히 렘브란트에게 받은 영향인 것에 틀림없습니다.

이 그림들이 공통적으로 제시하는 성서적 교훈은 두 가지입니다. 첫째는 하나님을 향한 믿음과 순종의 대가입니다. 나아만 장군은 황당하고 무례한 엘리사의 제안을 자존심을 억제하고 따름으로써 병 고침을 얻는 영광을 얻습니다. 그리고 이에 감사를 표하려는 그의 태도는 진성싱 있게 평가 받을 수 있을 것입니다. 둘째는 엘리사가 이를 거절하였음에도 불구하고 탐욕을 부린 불충한 종 게하시가 받게 되는 저주입니다.

혹자들은 나아만 장군의 병 낫기에만 집중할 수도 있겠지만, 이 에피소드를 균형 있게 이해해야만 합니다. 그러기 위해서는 모든 영광을 하나님께 돌리고 청빈하게 이 선물을 거절한 엘리사의 구별된 모습도 기억되어야 합니다. 또한 물질에 눈이 멀어 거짓을 말하고 자신의 사적 욕심을 채우려다 저주받은 게하시의 모습 또한 같이 기억되어야 할 것입니다.

그리스도인으로서 세상에서 구별된 사람으로 살아가는 일은 거창한 구호가 필요한 일이 아닙니다. 그저 주께 죄인으로, 기꺼이 받은 구원의 감격을 잃지 않으며 하루하루 손해를 감수하고 정직과 정의로 나의 삶을 채워가는 것일 터입니다. 예배와 삶이 분리되지 않은 모든 행위와 언어를 주께 드리듯 살아가는 것이 바로 주가 원하시는 삶으로 드려지는 예배일 것입니다.

나는 미술관에서
하나님을 만납니다

룻과 보아스

이토록 로맨틱하고 인간적인 하나님의 인도

데이비드 윌키 윈필드, 〈룻과 보아스〉, 1879, 해리스 박물관.

영국 서중부 리버풀에서 북쪽으로 차로 1시간 거리에는 프레스턴(Preston)이라는 도시가 위치해 있습니다. 프레스턴이라는 도시의 이름은 로마 지배 이후 독일에서 이주한 앵글족의 일부가 중세시대에 이곳에 정착하면서 사제들의 정착지(priest's settlement)를 의미하는 고대영어에서 유래한다고 전해지고 있습니다. 이 도시의 중심지인 시장 광장 바로 뒤에는 아테네 파르테논 신전을 모티브로 지어진 아름답고 고풍스러운 해리스 박물관(Harris Museum & Art Gallery)이 자리 잡고 있습니다.

1985년경부터 이 미술관의 창립자인 해리스는 동시대 영국 작가의 작품들을 수집해서 이 미술관을 탄생시키게 됩니다. 오늘 우리가 살펴볼 그림도 1879년 영국의 데이비드 윌키 윈필드(David Wilkie Wynfield, 1837 - 1887)라는 작가의 유화작품입니다. 그림은 높이 101.5 X 너비 162.5cm로 여느 책상 크기 정도의 그림입니다.

성서의 룻기는 구약의 아가서와 더불어 시대와 민족을 초월한 낭만적인 사랑 이야기로 유명합니다. 그 줄거리는 다음과 같습니다. 구약 사사 시대에 유대 출신의 엘리멜렉이라는 사람은

해리스 박물관

아내인 나오미와 두 아들을 데리고 모압 지방으로 떠납니다. 하지만 불행히도 나오미는 남편과 두 아들을 모두 잃고 생존을 위해 고향으로 돌아오게 됩니다. 두 아들의 며느리 중 룻만이 시어머니를 따라 향후 예수 그리스도가 태어날 땅인 베들레헴으로 돌아옵니다. 지아비 없이 자신과 시어머니 나오미의 끼니를 걱정해야 하는 만큼, 집안의 형편을 타개하기 위해 룻은 보리 추수를 하고 남은 이삭을 주우러 갑니다. 보아스 소유의 밭에 다다라 고된 노동을 하는 그녀를 보아스가 발견합니다. 그녀의 효심을 들어 알고 있던 그는 그녀를 후히 대접하고 격려합니다. 룻은 시어머니인 나오미의 뜻을 따라 보아스 곁에 몰래 눕는 사건을 통해 후에 그의 정식 아내가 되는 기쁨을 누리게 됩니다.

아주 단순한 이야기일 수 있지만 이 짧은 이야기 전후의 서사 구조를 이해하면 룻기는 정말 역동적인 방식으로 이해될 수 있습니다. 우선 다윗의 아버지는 이새요, 그 위는 오벳이요, 그 위는 보아스요, 그 위는 살몬이요, 그위는 나손이요(눅 3:32)라고 기록되어 있습니다. 당시 베들레헴의 유력자인 보아스의 조상들의 면모를 자세히 살펴볼 필요가 있습니다.

우선 보아스의 할아버지인 나손은 모세와 아론이 이끈 출애굽시대의 가장 유력한 지파였던 유다지파 군의 총사령관이자 방백(지도자)이었습니다. 민수기 2장과 10장에 따르면, 여호와의 명에 따라 진영에 모인 유다지파 군인의 총계는 186,400명으로 모든 지파 중 가장 많은 수였으며 모든 군대의 선두에서 행진했다고 기록하고 있습니다. 또한 모세의 형이며 제사장이었던 아론은 나손의 누이 엘리세바와 결혼하였으니 나손의 혈통과 가문의 뛰어남이 타의 추종을 불허했다는 것을 분명히 확인할 수 있습니다.

이어서 보아스의 아버지인 '살몬'(살마, 대상 2:11)은 성경학자들에 의하면 여호수아 2장에서 여리고성을 정탐하기 위해 눈의 아들 여호수아가 성으로 투입한 두 사람 중의 한 사람으로 추정되고 있습니다. 이 여리고성 전투는 요단강을 건너 가나안 정복의 첫 번째 전투로 아주 중요한 전투였습니다. 이처럼 중요한 전투의 승패를 가를 정보를 수집하기 위해 성안으로 잠입한 두 사람은 라합의 도움으로 우여곡절 끝에 성을 겨우 탈출합니다. 그리고 이에 대한 보답으로 라합과 그의 가족들을 구원하여 주기로 약속합니다. 그래서 마태복음 1장 5절에서 살몬은 라합에게서 보아스를 낳았다며 이방 여인이자 기생이었던 라합을 보아스의 친모로 분명히 기록하고 있습니다.

생각해 보세요. 전쟁 중에 만난 두 남녀주인공이 마치 영화처럼 결합하여 향후에 가정을 이루고 다윗과 예수의 조상으로 기록되는 이런 로맨틱하면서도 흥미로운 장면이 또 있겠습니까?

다시 정리하면 보아스의 할아버지 나손은 출애굽기 최강의 군대인 유다지파의 사령관이자 지도자였습니다. 또한 보아스의 아버지 살몬은 가나안 정복 시기에 불세출의 전쟁 영웅인 셈이었습니다. 그렇다면 왜 룻기에 등장하는 시기의 보아스가 유대인들 사이에서도 특히 거대한 토지를 소유하며 동족들의 유력자 대우를 받았는지 충분히 이해할 수 있습니다.

반대로 보아스는 유대인들 사이의 시선과 사회적 위치에서 자유롭지 못할 수도 있었습니다. 사실 이미 이방의 모압 여인이자 미망인이기까지 했던 룻을 보아스가 아내로 맞는 것은 쉽지 않은 선택이었을 것입니다. 하지만 그는 후에 태어날 다윗과 그리스도의 성품을 상징하듯 부와 영예를 가진 자였음에도 불구하고 모압 여인인 룻을 향해 한없는 사랑과 긍휼로 그녀를 공식적인 아내로 삼고 깊이 아껴주게 됩니다.

  보아스가 이방 여인인 룻에게 마음을 열 수 있었던 배경으로 두 가지를 더 짐작해 볼 수 있습니다. 한 가지는 자신의 친모인 라합 역시 여리고 지방의 천대받던 이방 여인이었기에 보아스가 어머니를 떠올리면서 룻에게 한없는 연민과 애틋한 감정을 느꼈으리라 생각해 보는 것입니다. 성경에는 기록이 없어서 보아스의 친모인 라합이 그 시대에 생존해 있었는지는 확인할 길이 없습니다. 하지만 라합의 생사 여부와 상관없이 보아스를 비롯한 그의 가족과 시종들은 이방 여인이었던 룻을 보아스의 어머니 라합처럼 편견과 차별 없이 깊은 사랑으로 대했을 것으로 추측됩니다.

  이 그림의 화가인 네이비드 윌키 위필드는 보아스의 룻을 향한 깊은 배려와 사랑이 엿보이는 장면을 그려 내고 있습니다. 이미 보아스는 자기 밭에 머물며 자신의 시종들에게 그녀를 보호하고 마음껏 물까지 마시도록 배려하고 있었습니다. 시어머니인 나오미의 제안에 따라 보아스의 이불 발치에 같이 누웠던 룻이 그녀를 향한 보아스의 약속을 받고 몰래 나오려는 찰나였습니다. 보아스는 그녀를 빈손으로 돌려보내지 않고 그녀에게 겉옷을 펴서 보리를 여섯 번 되어 룻에게 지우고 성읍으로 돌려보냈다고 기록되어 있습니다.

  그런데 그림을 자세히 보면 성서와 다른 점이 두 가지 있습니다. 하나는 보아스가 보리를 담아 주는 곳이 겉옷이 아닌 보릿자루이며, 보아스의 남성성과 과분한 사랑에 감동 받은 룻이 양쪽 볼이 상기된 채 보아스를 정면으로 응시하고 있다는 점입니다. 또 하나는 룻이 타작 마당에 들어와 함께 누웠다가 나가는 것을 보아스가 다른 사람들이 알지 못하게 하려고 했다는 성경의 언급과는 달리, 그림의 일꾼과 시종들은 이 둘의 로맨스를 아주 흥미롭게 바라보고 있습니다. 성경과는 다른 극적 장치로 여겨집니다. 이 두 가지를 볼 때 작품에 가득한 작가의 낭만적인 면모를 쉽게 엿볼 수 있지요. 반면에 그림에서는 이러한 로맨스에는 관심이 없고 오직 주인의 명을 따라 룻에게 물을 대접하려고 따르고 있는 검게 그을린 피부의 충성스러운 하인의 모습도 엿볼 수 있습니다.

우리는 명화를 볼 때 지나치게 표현 기법과 미술사적 가치에 중심을 두고 이해하려는 경우가 많습니다. 아니면 해당 그림에 얽힌 스토리를 이해하는 정도로 그림을 감상하는 경우도 있습니다. 하지만 특별히 그리스도인들에게는 성경 전체를 아우르는 주제와 상징을 살펴볼 필요가 있습니다. 바로 그리스도의 구속의 역사와 사랑을 창세기부터 요한계시록에 이르기까지 포괄적으로 이해하려는 자세와 노력입니다.

정말 우리 주님은 이렇게 낭만적이며 인간적인 분이시며 또한 우리의 연약함을 알고 직접 겪으신 나의 진실한 구원자이십니다.

선한 사마리아인
나도 버림받고 죽을 수밖에 없는 인생이었다

빈센트 반 고흐, 〈선한 사마리아인〉, 1890, 크뢸러 뮐러 미술관.

코로나 팬데믹으로 전세계가 문을 걸어 잠그기 전인 2018년 9월, 저는 가족과 네덜란드를 여행할 기회가 있었습니다. 당시 인상주의 화가들의 그림에 탐닉하며 저는 실제로 유화 그리기에 빠져있었고, 이번 여행의 테마를 미술관으로 잡은 시점이기도 했습니다.

대부분의 여행객들이 암스테르담을 방문하면 시내에 위치한 반 고흐 미술관이나 국립박물관을 필수 코스로 방문합니다. 하지만 인상주의 화가 마니아들에게는 꼭 방문해야 할 성지로 불리는 곳이 있으니 이는 바로 크뢸러 뮐러 미술관(Kröller-Müller Museum)입니다. 호헤 벨루에(De Hoge Veluwe) 공원 한가운데 자리 잡은 자연 속 미술관은 공간 자체로도 방문객들에게 치유와 영감을 주는 아름다운 곳입니다.

당시 초등학교 5학년이던 아들과 아내와 함께 저는 벨루에 공원의 숲길을 따라 자전거를 타고 미술관으로 향했습니다. 그 황홀한 순간은 평생 잊지 못할 행복한 추억으로 남아 있습니다. 아름다운 숲속을 따라 펼쳐진 오솔길을 따라 가족과 달렸던 그 길은 마치 천국과도 같은 기억입니다.

크뢸러 뮐러 미술관의 가치는 그 컬렉션의 탁월한 수준에서 드러납니다. 세계에서 두 번째로 많은 빈센트 반 고흐 컬렉션을 반 고흐 미술관 다음으로 보유하고 있다는 사실로 이를 증명할 수 있습니다. 교과서나 영상으로나 보던 바로 그 작품들이 이곳에서는 흔하게 걸려 있습니다. 이 외에도 클로드 모네, 조르주 쇠라, 파블로 피카소, 피에트 몬드리안과 같은 현대 거장들의 걸작이 무심하게 전시되어 있습니다.

저는 개인적으로 너무나 사랑하는 고흐의 그림들을 보느라 시간 가는 줄 모르고 미술관을 감상하고 있었습니다. 아들이 배가 고프다고 조르지만 않았다면 아마 미술관 폐관 시간까지 머무를 기세였습니다. 그러다 처음 보는 반 고흐 그림을 발견하고는 그 앞에 다른 스토리가 겹치며 깊은 생각에 잠겼습니다.

누가복음 10장 30-37절에 등장하는 자비를 베푼 사마리아 사람의 이야기를 배경으로 한 그 그림은 의사인 제게 깊은 묵상으로 다가왔습니다. 10장에서는 한 율법교사가 무엇을 해야 영생을 얻을 수 있는지 예수님께 묻습니다. 그러자 예수님은 '너의 하나님을 사랑하고 또한 네 이웃을 네 자신 같이 사랑하라'라는 의미로 바로 이 선한 사마리아인의 비유를 드십니다. 그리고 나서 누가 이 강도 만난 자의 진정한 이웃인지를 마지막에 물으십니다.

1889년 고흐는 정신질환이 심각하게 깊어져 프랑스 남부의 생 레미 드 프로방스 지방에 위치한 생 폴 정신병원에 입원하기에 이릅니다. 이 곳에서 이 지역의 풍경을 주로 그리며 치료를 병행하고 있었습니다. 그가 가장 많이 모방하고 창조적 수정을 더해 그린 그림은 네덜란드 황금시대의 화가 렘브란트였지만 그는 이 병원에서 1849년에 그려진 외젠 들라크루아의 그림 두 편을 따라 그리면서 자신의 색채로 해석해 냅니다.

크뢸러 뮐러 미술관으로 향하는 자전거 길

한 편은 바로 이 〈선한 사마리아인〉이며 나른 한 편은 〈피에타〉입니다.

먼저 그려진 외젠 들라크루아의 그림은 고흐의 그림과는 달리 짙은 색채에서 진지함과 힘겨움을 한층 더 발견할 수 있습니다. 들라크루아는 아마도 이 남자를 말에 올려 태우는 선한 사마리아인을 자신과 동일시하지 않았을까 하는 추정을 해 봅니다. 선을 행하는 일은 관념과 달리 상당히 어렵고 힘든 일입니다. 그림을 보면 선한 사마리아인은 근육질의 남성이지만 홀로 남자를 들어 올려 말에 싣는 작업을 힘겨워하고 있음이 틀림없습니다. 성경을 읽으면서도 위험에 처한 이를 모른 체하며 걷는 위선적인 레위인의 뒷모습은 우리에게 큰 메시지를 전합니다.

반면에 정신적으로 육체적으로 병들어 있던 고흐는 이 그림을 모방해 그리며 말 위에 올려 태워지는 이 강도 입은 자를 본인과 동일시하지는 않았을까 생각해 봅니다. 그의 나약함과 깨져가는 영혼을 그리스도에게 의탁하고자 했던 소원을 그림에 풀어 낸 것은 아닐까요? 등지고 마을로 향하는 제사장의 모습을 통해 그를 향해 손가락질하고 불화했던 폴 고갱과 마을 사람들을 고흐가 표현한 것은 아닌지 궁금해지기도 합니다.

이 두 그림에 대한 비교와 미학적 감상 외에도 제게는 다른 묵상의 포인트가 있었습니다. 죽어가는 이웃을 돕는 이 일화 앞에서 한 거룩한 분의 일화가 떠올랐습니다. 그는 100여 년 전 이 땅에서 순전한 삶을 살아내신 바로 포사이드 선교사님입니다. 특히 선교사님들이 세우신 광주기독병원에서 수련한 저에게는 그분의 스토리가 심장에 새겨져 있습니다.

포사이드(Wiley H. Forsythe, 1873-1918) 선교사는 1873년 미국 켄터키주에서 태어나 프린스턴 의과대학에 재학 중이던 1904년 8월 10일, 미국 남장로교 선교사로 조선에 들어옵니다. 전주예수병원 의사로 일하던 그는 무장괴한에게 습격당한 사람을 치료하며 그 집에 머물던 중, 본인 역시 다시 침입한 무장괴한에게 두개골이 골절되고 귀가 잘리며 온몸에 깊은 상처를 입습니다. 결국 미국으로 돌아가 치료를 받고 몸을 회복한 포사이드 선교사는 다음 해 목포로 다시 돌아오는 결기를 보여 줍니다.

1909년 4월, 어느 날 포사이드는 목포에서 일하던 중, 광주의 오웬 선교사가 열병으로 생명이 위독하니 급히 와서 치료해 달라는 윌슨 선교사의 요청을 받습니다. 100km 거리의 광주까지 조랑말을 타고 급히 달려가던 포사이드 선교사는 도착을 20km 앞두고 길가에 쓰러져 있는 죽어가던 나환자 여인을 발견합니다. 당시 나환자는 죽은 사람 취급을 당했고 조롱과 멸시의 대상이었습니다.

동료 선교사인 오웬이 심히 위독했지만 포사이드 선교사는 죽어가는 나환자 또한 포기할 수 없었습니다. 그는 그녀를 조랑

말에 태우고 자신은 걸어서 목적지에 도착합니다. 오웬 선교사는 이미 자택에서 숨을 거둔 뒤였지요. 포사이드 선교사만을 애타게 기다리던 오웬 선교사의 가족과 동료 선교사들이 웬 누더기 차림의 여자를 말에 태운 채 터덜터덜 걸어오는 포사이드 선교사의 모습을 보고 어떤 원망의 마음이었을지 상상해 봅니다.

오웬 선교사의 부인은 1909년 8월 「미셔너리」(The Missionary)에 다음과 같이 적었습니다.

"그녀의 머리칼은 수개월, 아니 몇 년은 빗지 않은 듯했다. 옷은 넝마 조각처럼 더러웠고, 손과 발은 퉁퉁 부어 있었고, 상처투성이였다. 모든 게 견딜 수 없는 악취를 풍겼다. 발 한쪽엔 짚신이, 다른 발에는 두꺼운 종잇조각으로 덮여 있었다. 그녀는 걸을 때마다 절뚝거렸다."

그 나환자 여인은 무려 10년 동안이나 나병을 앓아 왔고, 먹을 것을 겨우 구걸하고 살아오고 있었습니다. 포사이드는 벽돌 굽던 가마로 그 여인을 옮기고 선교사들이 쓰던 옷가지와 침구류를 갖다 준 후 날마다 그녀를 치료하면서 복음을 전했다고 합니다.

저는 선한 사마리아인의 그림을 보면서 바로 이 포사이드 선교사님의 이야기가 떠올랐습니다. 동료 선교사의 죽음과 누구

외젠 들라크루아, 〈선한 사마리아인〉, 1849, 개인 소장.

에게나 기피 대상이었던 죽어가는 나환자 여인 사이에서 그는 어떤 생각을 했을까요? 이미 운명한 동료 선교사와 그의 친구들 앞에 낯선 나환자 여인을 말에 태우고 터벅터벅 걸어오는 포사이드 선교사를 보는 오웬 선교사 부인의 눈빛은 어떠했을까요? 내가 바로 그였다면 나는 같은 선택을 할 수 있을까요? 쉽지 않은 질문 앞에 저는 탄식을 내뱉으며 잠시 고민에 빠지지 않을 수 없었습니다.

사람의 상식을 뛰어넘은 그의 위대한 사랑은 결국 광주 한센병원의 효시가 되었습니다. 그러나 광주 봉선리에 자리 잡았던 병원은 많은 주변의 민원으로 인해 여수로 옮겨졌습니다. 그리고 그 봉선리는 현재 광주의 부촌이 되었고, 저 또한 이 역사의 현장에 위치한 아파트 한 켠에서 이 글을 적고 있다는 사실이 놀랍습니다. 여수로 옮겨진 그 씨앗은 여수 애양원 역사의 뿌리가 되어 이후 애양원을 이끄신 손양원 목사님의 헌신과 사랑의 역사로 이어지게 됩니다.

꺼져가는 작은 생명 하나까지도 가벼이 여기지 않는 포사이드 선교사님의 사랑이 어찌나 하나님의 긍휼과 인자하심에 맞닿아 있는지를 깊이 발견합니다. 그의 위대한 신앙 앞에 저는 낯선 미술관에서 그저 먹먹해지는 가슴을 붙잡을 수밖에 없었습니다.

옆에서 갑자기 흐느끼는 저를 향해 아내가 무슨 일이 있냐고 물었습니다. 저는 괜찮다고 답하고 화장실로 향하며 남은 눈물을 씻어 냈습니다. 그 감격의 순간을 지금도 선명히 기억하고 있습니다. 나도 버림받고 죽을 수밖에 없는 불쌍한 인생이거늘, 나라는 작은 자를 천하보다 귀히 여기시고 나에게 사랑한다고 하시는 하나님의 조건 없는 무한한 사랑 앞에서 나는 오늘도 감격하지 않을 수 없습니다.

반 고흐와 아버지
매일의 일상에서 드러나는 복음

빈센트 반 고흐, 〈성경이 있는 정물〉, 1885, 반 고흐 미술관.

앞 장에서 살펴본 〈선한 사마리아인〉을 관람하기에 앞서 저는 암스테르담 시내에 위치한 반 고흐 미술관을 방문한 바 있습니다. 반 고흐 미술관은 아름다운 미술관 공원(Museumplein)을 앞마당으로 하여 서쪽에서는 현대미술을 전시하는 암스테르담 시립미술관을 이웃하고 있습니다. 바로 뒤쪽으로는 초현실주의 미술을 담당하는 모코 미술관(Moco Museum)이 있으며 북동쪽으로는 유럽 명화의 보고인 암스테르담 국립미술관(Rijksmuseum)이 자리 잡고 있습니다. 저와 같은 서양회화 마니아들은 암스테르담에 흔하게 널려 있는 유럽의 명화들 앞에서 넋을 잃는 경험을 하지 않을 수 없는 황홀한 도시입니다.

게다가 도시의 풍경마저 갖은 수로와 전통적 구조물 사이에서 마치 동화 속을 걷는 것 같은 착각을 주는, 온 도시가 박물관 같은 관광의 명소이기까지 합니다. 온갖 영화와 그림의 배경이던 이 도시를 통해 왜 네덜란드가 상업과 해군력으로 세계를 주름 잡았었는지 그 역량을 확인할 수 있습니다. 게다가 이 비현실적인 풍경을 가족들과 함께 공유하고 있는 그 순간이 하나님께 얼마나 감사하고 행복했는지 모릅니다.

반 고흐 미술관에서 판매하는
고흐의 인형

 하지만 도시가 아무리 아름다워도 저는 인상주의 화가에 심취해 있었기에 가족들을 데리고 또 다시 미술관 투어에 나섰습니다. 다행히 아들도 미술관 내에서 오디오 가이드를 들으며 신나게 제 뒤를 졸졸 쫓아다녔습니다. 몇몇 그림은 책에서 본 적이 있다며 고흐의 〈해바라기〉 앞에서는 사진을 찍어달라고 귀엽게 조르기도 했습니다. 인상주의 화가들의 직관적인 색채와 표현은 어린아이에게도 깊은 인상과 관심을 이끌어 내는 게 틀림없었습니다.

이곳 반 고흐 미술관에서는 그동안 책에서만 볼 수 있었던 너무나 친숙한 그림들을 정말 여한 없이 만날 수 있었습니다. 그중에서 가장 행복했던 순간은 바로 고흐가 자신의 조카에게 선물한 푸른 배경의 〈꽃 피는 아몬드나무〉를 마주했을 때입니다. 이 작품의 색채와 붓 터치에 반해 수도 없이 들여다보며 열 번 이상 저도 캔버스에 모작을 남겨본 바가 있는 정말 사모하는 그림이었습니다. 동양의 전통적인 문인화의 주제인 매화꽃을 연상시키는 이 그림은 특히 우리나라 사람들에게 깊은 인상과 친밀감을 주는 그림임에 틀림없습니다. 그렇게 진심으로 사랑하는 작품을 눈앞에서 마주하는 순간은 실로 설명하기 힘든 가슴 벅찬 감동을 줍니다.

하지만 전체적으로 이렇게 밝은 색채의 창조적 조합을 이루어 낸 고흐의 작품을 만나는 쾌감 가운데, 그는 전혀 다른 색감과 뉘앙스를 풍기는 작품을 불쑥 내밀기도 했습니다. 특히, 그의 초창기 작품들을 보고 있노라면 정말 같은 화가가 맞는가 싶을 정도로 어둡고 무거운 분위기의 그림을 가득 그려 낸 사실을 확인할 수 있습니다.

자녀가 얼마나 아름답고 사랑스러운지는 부모만이 경험할 수 있는 특권일 것입니다. 고흐의 부모님도 그를 키우면서 얼마나 아들을 사랑하고 또 그의 삶이 아름답기를 소망했을까요? 하지만 그들의 바람과는 달리 고흐는 나이가 들수록 격동과 고통으로 점철된 삶으로 점점 더 빠져들어 갔습니다. 네덜란드 개신교 개혁주의 목사였던 그의 아버지는 아들이 선교사로서의 사역을 포기하고 서른 살이 넘어 그림을 그리겠다고 뛰어드는 모양새를 아주 못마땅하게 여겼습니다.

사실상 아버지와 의절하고 고흐가 외로움과 가난을 감수하며 그림에 몰두하던 어느 날이었습니다. 1885년 3월, 고흐는 아버지가 돌아가셨다는 소식을 듣습니다. 그동안 부모님으로부터 받았던 사랑과 멸시의 양가감정 사이에서 그는 격렬한 고통을 경험하기도 했습니다.

1885년 고흐는 그의 동생 테오에게 다음과 같은 편지를 썼습니다.

> 나는 부모님이 나를 어떻게 생각하시는지 본능적으로 느낄 수 있다. 두 분은 나를 마치 크고 거친 짐승 같은 개를 집으로 데려오는 것과 같은 두려움을 느끼는 것 같다. (…) 하지만 나는 내가 그런 난폭한 개라는 것을 인정하며 가난한 화가로 남을 수밖에 없구나.[3]

그런 그의 아버지가 돌아가시자 고흐는 약 7개월 후 그림을 그려 이렇게 동생에게 편지를 씁니다.

빈센트 반 고흐, 〈꽃 피는 아몬드나무〉, 1890, 반 고흐 미술관.

테오, 너에게 하얀색 성경이 펼쳐진 그림을 보낸다.
가죽으로 장식된 성경이며, 검은색을 배경으로 하며 황갈색의 전경에 약간의 레몬색을 보태었다. 나는 이 그림을 하루 만에 완성했어.[4]

이렇게 탄생한 그림이 바로 〈성경이 있는 정물〉입니다. 전통적인 이 그림의 해석 방식은 다음과 같습니다. 아버지를 여읜 슬픔 가운데, 꺼진 양초는 돌아가신 아버지를 상징합니다. 또한 펼쳐진 책은 아버지의 성경으로 인식되며 고흐가 감당하지 못했던 아버지의 어둡고 무거운 세계관을 상징합니다. 반면에 밝은 레몬색으로 칠해져 우측에 놓인 프랑스의 대문호 에밀 졸라의 소설인 『삶의 기쁨』(La joie de vivre)은 현실적이고 현대적인 고흐의 세계관을 상징한다고 해석되어 왔습니다.

하지만 최근의 조사에 의하면 이 책은 반 고흐의 가족이나 아버지의 성경이 아니라고 밝혀졌습니다. 그간 이 그림에 대한 주장은 주관적으로는 수용 가능한 해석이지만 객관적으로는 검증하기 힘든 내용인 것입니다.

저는 개인적으로 그가 사명으로 여겼던, 무겁고 감당하기 힘든 성경 말씀 옆에 자그마한 졸라의 소설을 배치한 것은 분명히 상징적인 의미가 있다고 여겨집니다. 소설 『삶의 기쁨』은 여주인공 폴린 케뉘가 모든 것을 빼앗기지만 이웃에 대한 초인적인 사랑으로 한 어촌의 천사로 자리 잡는 내용입니다.

 고흐는 성경을 부정하는 것이 아니라, 그의 아버지처럼 완고하고 굳은 교리의 개신교를 터부시한 것으로 보입니다. 그는 복음과 사랑이 바로 일상에서 드러나는 매일의 열매와 기쁨 가운데 있다는 것을 강조하려던 것은 아닐까요? 고통과 가난 가운데서도 이웃을 사랑하고 돌보며 살아가고자 했던 그의 소망을 여주인공 폴린 케뉘의 삶을 통해 감히 투영하려 했던 것인지도 모릅니다.

 로마시대에 '크리스토스' 즉 '크리스천'이란 이름은 처음에는 '예수쟁이'와 같이 경멸과 조롱의 의미로 불리던 말이었습니다. 그런데 이들 그리스도인들의 삶이 너무나 숭고하고 위대하여 사람들은 점점 '크리스천'이란 단어를 존경과 신뢰의 의미로 사용하게 되었다고 합니다. 이 시대에 과연 크리스천, 기독교인이란 의미는 그때처럼 존경과 신뢰의 대상인지 묻고 싶습니다. 정말 세상이 궁금해할 만한 숭고함과 헌신을 우리 그리스도인들은 성경의 문자적 가치가 아닌 삶의 향기로 지니고 있을까요?

 이러한 변화는 결코 거대담론이 아니라, 믿는 자들 각자가 맡겨진 일에 최선을 다할 때 이루어져 가는 일이라고 생각합니다. 그것은 일상을 선교적 삶으로 채워가는 것이며, 현실에 뿌리박은 영성으로 매순간을 살아내는 태도와 걸음에 있을 것입니다.

일상의 삶, 삶으로 드리는 예배를 드리기 위해서 우리는 반드시 '일터 선교사'로 살아가야만 합니다. 보내고 보냄을 받은 선교사에 그치는 것이 아니라, 우리 그리스도인 하나하나가 주어진 곳에서 하나님의 자녀로서 주어진 일에 최선을 다하며 주의 나라를 확장해 가는 선교사로 바로 서야만 합니다.

학생을 열심히 가르치지 않는 선생님이 어떻게 진정한 그리스도인이 될 수 있을까요?

의사인 제가 만약 환우를 소홀히 돌보면서 교회에만 열심히 봉사한다면 과연 하나님께서 저를 기뻐하실까요?

우리 기독인들의 삶에 하나님의 사랑과 공의가 강같이 흐르는 선교적 삶과 태도가 가득해져야 합니다.

> 그 중의 한 율법사가 예수를 시험하여 묻되 선생님 율법 중에서 어느 계명이 크니이까 예수께서 이르시되 네 마음을 다하고 목숨을 다하고 뜻을 다하여 주 너의 하나님을 사랑하라 하셨으니 이것이 크고 첫째 되는 계명이요 둘째도 그와 같으니 네 이웃을 네 자신 같이 사랑하라 하셨으니 이 두 계명이 온 율법과 선지자의 강령이니라(마 22:35-40).

의심할 여지 없이 율법의 완성은 바로 하나님과 이웃을 향한 사랑일 것입니다. 부모가 자신의 자녀에게 사랑만 고백하고 아무엇도 먹이고 입히고 재워주지 않는다면, 그 사랑은 허구일 것입니다. 우리가 하나님과 이웃을 사랑한다고 고백하면서 사회적 약자에 대한 돌봄과 헌신은 모른척한다면 우리는 선한 사마리아인에 등장하는 제사장과 레위인과 다를 바 없습니다. 내가 필요로 하는 곳보다 나를 필요로 하는 곳으로 고개를 향하고 기꺼이 나아가는 진정한 '크리스토스'가 넘쳐나기를 소망합니다.

피에타(Pieta)
맡겨진 사명을 다한 예수님의 미소

빈센트 반 고흐, 〈피에타〉(들라크루아 모작), 1889, 암스테르담 반 고흐 미술관.

앞서 정말이지 눈과 가슴이 충만해지는 반 고흐 미술관을 관람하던 중 저는 이전에는 미처 만나지 못했던 작품을 처음으로 마주하게 되었습니다. 바로 반 고흐가 그린 몇 안되는 성경을 배경으로 한 그림 중 하나인 〈피에타〉였습니다. 이 작품은 앞장의 〈선한 사마리아인〉처럼 외젠 들라크루아의 작품을 프로방스의 생레미 병원에서 고흐가 창조적으로 모작한 것으로 알려져 있습니다.

고흐는 앞서 이야기한 것처럼 네덜란드 남부 시골마을에서 개혁주의 개신교 목사의 3남 3녀 중 장남으로 태어났습니다. 그가 이러한 전통적 개신교 가정에서 출생해 성장하여 선교사로 헌신했었다는 사실은 잘 알려져 있습니다.

흔히 빈센트 반 고흐의 미술은 기독교와 무관한 것으로 평가됩니다. 그 이유는 두 가지입니다. 첫째, 고흐는 성경 이야기 그림을 세 점밖에 남기지 않았습니다. 둘째, 고흐는 목사의 꿈을 접고 화가가 된 뒤 기독교를 떠났기 때문에 그의 그림에 기독교적 의미를 부여할 수 없다는 분석입니다. 이러한 인식은 보편적인 반면에 피상적입니다. 성화를 그려야만 기독교 화가인 것은 아닙니다. 종교개혁 후 칼빈주의의 영향으로 기독교 미술의 초점은 '예배에서 일상의 기쁨으로' 전환되었습니다. 때문에 종교화를 그려야만 기독교 미술가인 것은 아니지요.

고흐가 현실 제도로서의 교회에서 멀어진 것은 사실이지만 그가 동생 테오와 주고받은 편지를 보면 그의 예술의 바탕은 오히려 기독교였습니다. 헨리 나우웬은 고흐의 영성을 '상처받은 치유자'의 영성으로 해석합니다. 고흐가 자신의 그림에서 최고의 탁월성을 추구하여 비록 사후이긴 하지만 그것을 인정받고 있는 것도 그가 하나님에게서 받은 소명에 입각한 것으로 볼 수 있습니다.

그가 그의 인생 후반부는 신앙을 버리고 자연을 숭배했다고 보는 견해에 대해 에릭슨은 다음과 같이 적었습니다.

> 고흐는 죽기 전 해에 자신의 종교의 뿌리로 돌아왔고, 그 점은 그가 전통적인 종교 주제로 그린 세 편의 연작에서 드러난다고 말한다. 그 세 편은 〈피에타〉, 〈나사로의 부활〉, 〈선한 사마리아인〉이다. 에릭슨은 "나는 고흐의 영적 순례는 중단 없이 이어졌다는 점을 입증하고자 한다. 반 고흐는 신앙교육을 받은 젊은 시절과 복음주의 신앙을 가졌던 시기에 이어 종교와 근대성의 갈등을 겪다가, 마침내는 삶과 예술에서 모두 종교와 근대성을 종합해내기에 이르렀다"고 주장한다.[5]

좌_ 빈센트 반 고흐, 〈피에타〉(들라크루아 모작), 1889, 반 고흐 미술관.
우_ 외젠 들라크루아, 〈피에타〉, 1850, 오슬로 국립미술관.

미켈란젤로, 〈피에타〉, 1498-1499, 바티칸 성 베드로 대성당.

저는 고흐가 성경을 주제로 그린 세 점의 그림 중에 두 점을 의도치 않게 암스테르담의 서로 다른 미술관에서 직관하는 행운을 얻었던 셈입니다. 어쩌면 영육간에 가장 연약했던 순간 그는 〈선한 사마리아인〉의 강도 입은 자와 〈피에타〉의 십자가에서 내려진 예수를 통해 자신의 나약함을 표현하며 하나님의 자비를 구했다고 상상해 본다면 무리일까요?

외젠 들라크루아의 전통적인 성화 색채 방식과 고흐의 채색 방식은 상당한 차이를 드러냅니다. 어둡고 슬픈 하늘과 프로이센 블루 색의 옷을 입힌 들라크루아의 작품에 비해 고흐의 〈피에타〉는 훨씬 밝고 희망을 주는 레몬색 계열의 배경 터치를 통해 십자가 희생을 통한 소망을 표현한 것으로 추정됩니다. 특히 고흐의 〈피에타〉 속에 그려진 예수님의 빨간 머리는 고흐 자신을 표현하는 것이라고 저는 주관적으로 확신하기도 했습니다.

라틴어로 연민 또는 동정심을 뜻하는 '피에타(Pieta)'는 전통적인 구교 예술의 주제였습니다. 십자가에서 돌아가신 예수님을 안고 슬피 우는 어머니의 심정을 담은 작품들이지요. 이 작품은 십자가와 부활이라는 신학적 영감으로서 교회 예술의 주요 주제이기도 했습니다. 더불어 인간적으로는 중세 이후 전쟁에 참전했다가 주검으로 돌아온 아들들을 부여잡고 통곡하는 부모들을 깊이 위로하고 공감해주는 작품의 역할을 하기도 했습니다.

고흐의 고향에서 그의 〈피에타〉를 마주하니 가장 유명한 피에타인 성 베드로 성당에 전시된 미켈란젤로의 대리석 조각을 떠올리지 않을 수 없었습니다. 미켈란젤로는 연소한 나이에 이미 자신의 천재성을 충분히 입증하고, 자신감 가득한 그의 손끝에서 생명력을 얻어 이 대리석 조각은 탄생합니다. 그런데 이 조각상에는 한 가지 비밀이 숨어 있습니다. 대부분의 감상객들은 먼 발치에서 방탄유리 안에 전시된 〈피에타〉 조각을 보며 애끓는 모성애와 그리스도의 수난을 묵상합니다. 그런데 이 대리석 조각을 천장에서 내려다보며 촬영한 사진을 보고 깜짝 놀란 바 있습니다. 이미 죽음에 이르러 축 처져 있는 그리스도의 얼굴을 위에서 바라보면, 예수님이 하늘을 향해 온화하다 못해 살짝 미소 짓고 계신 표정임을 확인할 수 있습니다.

자신에게 맡겨진 사명을 다하고 하늘을 향해 미소 짓는 예수님의 얼굴은 놀랍다 못해 소름이 돋을 지경이었습니다. 미켈란젤로의 의도이겠지만 숨은 뜻을 긍정할 수밖에 없는 끄덕임의 순간이기도 했습니다.

혹자는 성상 숭배를 금지한 개신교에서 가톨릭 성화와 성상을 공부할 필요가 있냐고 반문하기도 합니다. 하지만 로마시대 이후로 중세시대를 거쳐 근대에 이르기까지 성경은 라틴어로만 출판된 성직자들만의 전유물이었습니다. 문맹이거나 지역 언어 외에는 깨우치지 못한 대부분의 성도들에게 성경의 내용과 교리를 가르치기 위해서는 반드시 성화나 성상이 필요했으리라고

천장에서 바라본 예수 그리스도의
살짝 미소 짓는 듯한 표정

판단할 수 있습니다. 그러한 이유로 유럽을 비롯한 전세계 유수의 성당을 방문하면 화려한 그림과 스테인드글라스 그리고 고난의 길(Via Dolorosa)을 꼭 마주칠 수 있습니다. 그들의 신앙심과 여호와를 향한 경외심만을 선택적으로 흡수한다면 개신교도로서 가톨릭 예술을 이해하는 일은 분명 축복된 일일 것입니다.

저는 이탈리아 피렌체의 두오모 대성당을 두 번 방문했습니다. 2013년 첫 번째 방문했을 당시는 의대교수를 사직하고 어린 아들과 함께였습니다. 저는 개신교도이지만 성당 안에 앉아서

저자기 직접 그린 〈피에타〉 스케치

당시 고민하고 갈등하던 상황을 놓고 하나님께 기도하며 하염없는 눈물을 흘렸습니다.

"하나님, 주께서 제게 맡기신 환우와 제자들을 제가 버린 것은 아닌지요? 제가 고난의 자리를 사명으로 안고 걷지 않고 도망쳐 버린 것은 아닌가요? 나약하고 충직하지 못한 저를 용서하소서."

장소는 성당이었지만 그곳에서도 깊은 위로를 통해 만나주시는 하나님의 임재를 느낄 수 있었습니다. 어느 곳이나 기도하는 곳이 주의 집임을 확신하며 성당을 걸어 나온 강렬한 기억입니다.

 두 번째는 피렌체의 역사화 예술작품들을 깊이 공부하고 2018년 다시 방문했을 때였습니다. 두오모 주변의 원본 예술작품들을 보관하고 있는 대성당 작품 박물관(Museo dell'Opera del Duomo) 관람을 계획했는데, 피렌체 두오모 대성당과 인접한 '피렌체 세례당' 그리고 '조토의 종탑' 등에 부착되었던 외부 조각품들을 복제품으로 교체한 후, 그 원본들을 대성당 작품 박물관에 보존하고 있었기 때문이었습니다. 1891년 개관하여 엄청난 역사를 자랑하는 이 박물관은 세계적으로 가장 중요한 조각품들을 보유한 박물관에 속합니다. 특히 이곳에는 기베르티의 〈천국의 문〉과 도나텔로의 조각품들이 여럿 전시되고 있습니다.

 이러한 세계적인 전시 가운데 뜻하지 않게 만난 미켈란젤로의 작품이 있었으니 바로 또 다른 미켈란젤로의 〈피에타〉입니다. 그는 평생 세 개의 피에타를 제작했는데, 이 곳의 피에타는 미켈란젤로가 말년에 자신의 묘비를 장식하려고 했던 미완성 작입니다. 〈피에타 반디니〉(Pietà Bandini)로 불리는 이 작품은 미켈란젤로 스스로 일부를 파괴하기도 했다고 합니다. 후대에 티베리오 칼가니(Tiberio Calgagni)에 의해 복원된 작품입니다.

 젊은 시절 자신의 야망을 드러내던 찬란한 바티칸의 피에타와는 전혀 다른 느낌의 피에타 앞에서 저는 잠시 시간을 가졌습니다. 절제와 여백이 엿보이는 그의 마지막 작품 앞에서 르네상스의 대표 작가인 그와 마주 앉아 시간을 초월한 선문답을 나누고 싶었습니다. 그래서 그의 조각 구석구석을 들여다보며 찬찬히 그의 작품을 저만의 스케치로 남겨 보았습니다.

고흐는 자신을 스러져가는 육체의 그리스도로 비유했다면, 미켈란젤로는 예수를 뒤에서 힘겹게 붙잡고 있는 저 노모를 바로 자신으로 표현하지 않았을까요?

죽음을 앞둔 미켈란젤로는, 자신 역시 구원의 그리스도를 의지할 수밖에 없는 피조물임을 고백하는 의미로 이 돌을 조각하고 자신의 묘지 장식으로 사용하며 후대에 메시지를 전하고 싶었던 것이 아닐까요?

가족들이 기다리고 있었기 때문에 저는 재빠르게 스케치를 마치고, 그가 전한 메시지를 가슴에 담아 박물관을 나왔습니다. 서울로 향하는 기차 안에서 이 추억을 담아 글을 적으며 잔잔한 추억과 성령의 이끄심을 몸소 체험합니다.

'나의 구원자 되신 주여, 제게서 당신의 자비를 거두지 마옵소서.'

나는 미술관에서
하나님을 만납니다

쓸쓸한 나의 그리스도
아버지여, 할 만하시거든

미켈란젤로 다 카라바조, 〈그리스도의 체포〉, 1602, 아일랜드 국립미술관.

이 그림은 카라바조가 1600년경 그린 그림으로 유다가 그리스도를 군인들에게 넘기기 위해 그리스도에게 입맞춤하려는 배신의 장면입니다. 제목은 '그리스도의 체포'(The Taking of Christ) 정도로 해석할 수 있겠습니다.

그림 좌측에 놀라서 달아나려다 옷깃을 붙잡히는 이는 예수님의 제자 요한입니다. 한편 유다가 예수님께 다가가고자 하나 예수님에게서는 그의 입맞춤을 피하시고자 하는 내색이 엿보입니다. 또 반대쪽 우측에 군인들 뒤에 등불을 들고 비추는 사람은 아마도 베드로라고 추측되고 있으며, 이 그림의 화가인 카라바조가 자신의 얼굴을 그려 넣은 것으로 보입니다.

카라바조가 남긴 여러 자화상을 보면 독자들도 정말로 카라바조의 얼굴이 맞다고 동의하실 것입니다. 짙은 이마의 주름과 우락부락한 눈, 그리고 넓적한 코까지 영락없이 카라바조의 얼굴임을 알아 볼 수 있습니다.

E.H. 곰브리치가 저술한 『서양미술사』에 따르면 17세기 전반부는 매너리즘의 막다른 골목에서 벗어나 회화가 그 이전 시대의 거장들의 양식보다 더 풍부한 가능성을 지닌 양식으로 발

가라바조의 자화상

전했다고 합니다. 이 매너리즘에 질려 새로운 기교를 발휘한 두 천재 화가가 있었으니, 한 사람은 안니발레 카라치(Annibale Carracci, 1560-1609)이며 다른 한 사람이 바로 미켈란젤로 다 카라바조(Michelangelo da Caravaggio, 1573-1610)였습니다. 이 두 사람은 깊은 우정을 나눈 친구이기도 했습니다.

카라치와 달리 카라바조는 추한 장면조차 성스럽지 않은 사실적인 모습으로, 회화 뿐만 아니라 성화를 담대히 그려 냈습니다.

다음 장에서 다룰 카라바조의 〈성 토마스의 불신〉이라는 그림이 있습니다. 실제로 도마가 그의 손가락을 예수님의 상처에 집어넣는 장면을 그린 극사실적인 그림으로, 카라바조의 화풍을 이해하기에 충분합니다. 그래서 당시 비평가들은 그를 '자연

주의자(naturalist)'라고 부르며 폄하하고 비판했습니다. 하지만 그는 이들을 의식하지 않고 점점 더 스스럼없이 파격적이고 불경스럽기 그지없는 개념과 평민들의 얼굴로 성화를 채워 나갔습니다. 또한 마치 현대의 스튜디오에서 인공조명을 받은 인물들을 그려 내듯이 명암의 대조를 강조하는 극적인 기법을 사용해 캔버스를 채워 낸 것으로 유명합니다.

다시 〈그리스도의 체포〉로 돌아가 보겠습니다. 특히 정면에 위치한 군인의 갑옷에 반사된 빛은 실제로 눈이 부신 것 같은 착시를 일으킬 정도로 정교합니다. 또한 그림 속 인물들의 조명을 위해 우측에서 베드로로 묘사된 화가 자신이 등을 들고 그리스도와 유다를 비추는 아이디어는 지금 보아도 카라바조만이 도전할 수 있는 과삼하고 막일한 발상입니다

실제로 카라바조는 다혈질이며 독불장군 같은 성격으로 유명했습니다. 하지만 그는 누구보다도 성경을 깊이 묵상하며 성화를 고민하고 준비하여 그렸던 것으로 알려져 있습니다. 그의 그림은 시대의 찬사를 향하지 않고 지나칠 정도로 사실적인 그림을 추구하고 있습니다. 그래서 바로 이러한 독창성이 당시 비평가들의 평가절하에도 불구하고 시대를 초월해 오늘날 역사적인 명화로 인정받는 이유일 것입니다.

이러한 그림의 미술사적 가치와 해석도 물론 중요합니다. 그런데 저는 이 명화를 보면서 왠지 모르게 서글픈 기분에 사로잡

했습니다. 공포에 휩싸인 제자들과 예수를 체포하려는 살기등등한 군인들 사이에 위치한 그리스도를 한참 동안 바라보게 되었습니다.

예수님은 너무나 쓸쓸한 표정으로 이 상황을 맞이하고 계십니다. 선지자의 말씀과 성경을 이루기 위함이라고 말씀하시며 모든 것을 알고 계셨던 그리스도입니다. 하지만 이 그림 속의 예수님은 그의 앞에 펼쳐질 고난의 길을 앞에 두고 있는 외로운 리더의 표정입니다. '할 만하시거든 이 잔을 내게서 치워 주소서'라고 기도했던 인간적인 예수님의 정서가 이 그림을 통해 진정 사실적인 느낌으로 전해져 옵니다.

만약 이 그림에 만화처럼 말풍선을 넣어 예수님의 생각을 표현한다면 과연 주님은 어떻게 이 상황을 느끼고 계실까요? 당신도 이 복잡다단한 예수님의 독백의 대사를 한번 상상해 보기를 원합니다. 제 마음속의 예수 그리스도는 그림처럼 손을 모으고 기도하시는 태도로 이 쓸쓸한 상황을 맞이하고 계실 듯합니다. '하나님, 겁 많고 우둔한 나의 제자들을 지켜주소서, 저도 많이 고통스럽고 두려우며 외롭습니다. 아버지, 이 쓸쓸한 마음을 위로해 주시고 저와 함께해 주소서.' 이렇게 기도하시지 않았을까 생각해 봅니다.

예전에 이 유명한 장면을 읽을 때는 아마도 초월적이고 흔들림 없는 예수님의 모습을 상상했던 것 같습니다. 베드로가 흥분

해서 칼로 베어 낸 종의 귀를 다시 붙여 주시며 오히려 베드로의 폭력을 나무라신, 침착하면서도 평안을 잃지 않는 그리스도의 모습을 말입니다. 그러나 이 그림에서 예수님은 나약한 인간의 모습으로 오셔서 그 고통과 번뇌를 몸소 겪으신 주님으로 등장합니다. 저는 이러한 사실적 묘사 앞에서 오히려 더 깊은 은혜를 체험합니다. 신이 아닌 인간의 모든 소름 돋는 극한의 공포를 직접 체험하셨으며, 이를 진정으로 이해하고 계신 분이 바로 나의 구원자 예수님입니다. 이러한 깨달음 앞에 다음과 같이 기도하게 됩니다.

전능하시지만 한없이 약자로 이 땅에 오셨던 주님을 묵상하며 기도합니다. 태어나실 때도 짐승이 머무는 말구유에서 나신 겸손의 왕 예수, 당신은 나의 죄를 대속해 돌아가실 때에도 저주의 사형 도구에서 내가 받을 모든 모욕을 대신해 고통 받으셨습니다. 저는 상상도, 감당도 하지 못할 당신의 그 사랑과 희생을 이 그림 속 당신의 표정에서 다시 한번 발견합니다. 정말 당신 앞에서 더 죄송한 것은 이런 십자가의 희생을 잊고 늘 죄에서 허우적대며 당신을 더 쓸쓸하게 하는 저의 부끄러운 모습 때문입니다. 주님, 이 불쌍한 죄인을 용서하소서. 어둠과 불의가 제 안에 왕 노릇하지 못하도록 주의 성령이여 임하여 주십시오. 당신의 겸손과 사랑 앞에 다시 한번 나의 찬양을 올려드

립니다. 예수 그리스도의 이름으로 기도합니다. 아멘.

    가끔 성화나 성상을 보며 가톨릭의 우상숭배 경향으로 폄하하는 분들을 만납니다. 신학적, 역사적 분별력과 경계심은 개신교인들이 분명히 가지고 있어야 할 것들입니다. 하지만 우리가 클래식 음악을 이해하는 것처럼, 당시 성도들의 신앙심을 고취하기 위해 제작된 이러한 역사적 성화들을 균형감 있게 만나고 이해한다면 우리에게 또 다른 신앙의 깊이를 더할 것입니다. 이러한 그림 읽기의 태도를 통해 그리스도의 십자가와 복음의 감격이 시대적 명화를 만나는 모든 성도에게 임하기를 더불어 바라봅니다. 이것이 부족한 식견에도 불구하고 제가 명화들을 소개하는 이유이기도 합니다.

그리스도의 독백

나는 미술관에서
하나님을 만납니다

도마에 대한 오해
주를 향한 확신과 확증

미켈란젤로 다 카라바조, 〈성 토마스의 불신〉, 1602, 포츠담 상수시.

암스테르담 국립미술관(Rijksmuseum Amsterdam)은 서양의 여러 미술관 중에서 손에 꼽히는 17세기 네덜란드 회화의 성지입니다. 인상주의 회화 마니아들에게도 반 고흐 미술관, 크뢸러 뮐러 미술관과 더불어 꼭 방문해야 할 3대 미술관이며 고흐의 그림만 해도 250여 점의 방대한 컬렉션을 소유하고 있는 저력 있는 미술관입니다.

특히 렘브란트와 페르메이르 컬렉션을 보고 있노라면 이 미술관의 퀄리티를 온 몸으로 실감하게 됩니다. 21개의 렘브란트의 컬렉션 중에서도 〈야경〉(夜警)과 〈유대인 신부〉는 아주 이름난 회화이기도 합니다. 페르메이르의 〈우유 따르는 하녀〉, 〈편지를 읽는 여인〉, 〈연애편지〉도 렘브란트 못지않은 명성을 가지고 있습니다. 〈진주 귀걸이를 한 소녀〉와 함께 페르메이르의 이야기는 뒤에서 구체적으로 다루겠습니다.

암스테르담 국립미술관에서 저에게 말을 건넨 성경 속 이야기는 크게 두 가지였는데, 그 중 하나는 바로 그리스도의 부활을 의심하는 도마의 이야기입니다. 1601년과 1602년에 걸쳐 카라바조는 두 편의 의심하는 도마를 그려 낸 바 있습니다. 기존의 성화와는 달리 사실적이고 서민적인 관점의 그의 그림은 평단의 비난과 찬사를 동시에 받는 혁명적인 그림으로 자리 잡습니다. 분명 카라바조의 그림에서 영감을 받은 것으로 여겨지는 헨드릭 터르 브루겐(Hendrick ter Brugghen, 1588-1629)이 약 20여 년 뒤 비슷한 서사의 그림을 그려 내기도 했지요.

먼저, 이 미술관에 걸려 있지는 않지만 카라바조의 〈성 토마스의 불신〉은 세 명의 사도가 깊은 의심과 함께 손가락을 예수님의 상처에 과감히 찔러 넣어 휘젓는 장면을 묘사하고 있습니다. 남은 두 사도도 그 장면을 두 눈 부릅뜨고 이마에 짙은 주름을 만든 채 집중해서 보고 있는 것으로 그려져 있습니다. 그림 속의 그리스도는 체념적이고 침울한 모습으로 그려져 나머지 세 사도와는 대조되어 보입니다. 이렇듯 이전에는 결코 볼 수 없었던 과감하고도 현실적인 그림은, 당시 사회에 신성모독이라는 노이즈 마케팅으로 그의 인지도를 상승시킨 것 같습니다. 결국 이러한 창조적인 접근법은 카라바조를 일약 유럽 회화의 거장의 반열에 올려놓게 하는 원동력으로 작용했습니다.

반면에 암스테르담 국립미술관에 걸린 브루겐의 그림 속 예수님의 제자 도마는, 그의 손가락을 예수님의 옆구리의 상처에 넣을지 말지 조심스럽게 갈등하는 모습으로 그려져 있습니다. 뒤쪽의 여인은 황망한 듯 이 사태에서 시선을 피해 하늘을 향해 기도하고 있습니다. 각각 녹색과 황색의 외투를 입은 나머지 두 사도는 예수님의 찢긴 상처로 향하는 도마의 손가락을 검증하듯 안경까지 쓰고 차분히 지켜보고, 예수님 또한 정말로 도마가 그의 손가락을 예수님의 상처에 집어넣고 있는지 차분히 확인하고 계십니다. 카라바조의 영향을 받았지만 조금 더 조심스러운 제스처를 담은 독특한 성화로 창조해 냈습니다.

 그런데 이 두 그림 사이에 그려진 또 하나의 〈의심하는 도마〉가 있습니다. 이는 구교도였던 루벤스의 그림입니다. 도마가 예수님의 손바닥에 못 박힌 상처를 보고 깜짝 놀라는 장면으로 이를 재구성했습니다. 놀랍게도 예수님은 로마 군인의 창에 찔린 옆구리에 상처가 없으며, 아주 건강한 육체의 남성으로 그려져 있습니다. 가톨릭 교도로서 교회에 걸릴 만한 보수적인 화풍을 따른 그림이지만 상대적으로 옆구리의 상처를 생략한 것은 독특한 표현이기도 합니다. 루벤스 개인의 그리스도를 향한 경건한 신앙심에서 손바닥의 상처로 이를 대신한 것이 아닌가 하는 생각을 해 보게 됩니다.

 그런데 실제로 성경을 읽어 보면, 예수 그리스도가 도마의 말대로 '믿지 못하겠거든 너의 손가락을 내 상처에 넣어 보라'고 말씀하셨을 뿐, 그림과는 달리 도마가 손가락을 감히 넣었다는 기록은 전혀 찾아볼 수 없습니다. 일반적으로 우리는 도마를 그리스도가 돌아가신 뒤 공동체를 이탈하고 의심이 많았던 제자로 기억하는 편견이 있습니다.

헨드릭 터르 브루겐, 〈도마의 불신〉, 1622, 암스테르담 국립미술관.

하지만 성경을 살펴보면 요한복음 11장에서 도마는 주와 함께 죽으러 가기를 자청할 정도로 믿음이 진실했던 자였습니다. 20장에서는 그리스도를 단순히 '하나님의 아들'이 아닌 '나의 주, 나의 하나님'이라고 정확히 고백한 첫 제자이기도 했습니다. 실제로 도마는 그림처럼 의심 많은 제자가 아니라, 주와 함께 죽으리라는 자신의 서원과는 달리 예수님의 십자가형을 끝까지 함께하지 못한 자책으로 공동체를 떠났다가 깊은 상심과 상처를 추스르고 마가의 다락방으로 조금 늦게 돌아온 것으로 보입니다.

도마를 만나기 위해 마가의 다락방에 다시 나타나신 그리스도에게 도마가 다가가 손가락을 넣어 보는 그림 속의 장면은 저는 예술적 상상력에 불과하다고 생각합니다. 혹자는 도마를 인류 최초의 과학적 검증의 측면을 갖춘 사람으로 추켜세우기도 합니다. 하지만, 그는 그저 어부였던 베드로와 달리 목수였으며 정확성을 추구하고 오류를 허용하지 않으려는 자세가 그저 몸에 밴 사람이었습니다. 예수님 역시 나사렛에서 목수로 일하셨고 그의 이러한 자세를 결코 이해하지 못하시거나 탓하지 않으셨을 거라고 생각해 봅니다. 오히려 이 에피소드를 통해 보지 않고도 믿는 자는 복이 있다고 말씀하시며 대부분의 예수님의 부활을 목도하지 못한 믿는 자들을 축복하는 말씀으로 기꺼이 사용하려 하지 않으셨을까요?

후에 도마는 인도로 내려가 헌신적으로 복음을 전하고 수많은 그리스도의 제자를 만들었다고 전해집니다. 결국에는 그를 미워하던 현지 브라만교도의 창에 맞아 순교하기에 이릅니다. 놀랍게도 예수의 창에 찔린 상처를 보기 전에는 믿지 못하겠다고 말하던 그 또한 창에 찔려 순교하기에 이르는 운명론적인 결말을 맞습니다.

때때로 주를 배신하고 진리에서 도망치려 하는 우리의 부끄러운 모습을 고백합니다. 하지만 반드시 주를 향한 확신과 확증 안에서 우리는 그분의 임재를 경험하며 그의 주권과 통치를 인정하며 살아가야 할 사명이 있음에 틀림없습니다.

> 믿음은 바라는 것들의 실상이요 보이지 않는 것들의 증거니
> Now faith is confidence in what we hope for and assurance about what we do not see(히 11:1, NIV).

페테르 파울 루벤스, 〈의심하는 도마〉, 1613-1615, 안트베르펜 왕립미술관.

예레미야의 애가 우울과 슬픔, 무기력의 상태에도

이사야와 청색옷 존귀한 자들은 눈보다 빛나고 우유보다 희다

노아의 고독 증명이 아닌 회복

아브라함과 이삭 "제가 여기 있습니다"

마가 요한 우리는 도망가지 않을 수 있나요?

베드로와 요한 기쁨의 달음박질

최후의 만찬 "그건 말도 안 돼요, 일어날 수 없어요."

3부

예레미야의 애가

우울과 슬픔, 무기력의 상태에도

렘브란트 반 레인, 〈예루살렘의 파괴를 슬퍼하는 예레미야〉, 1630, 암스테르담 국립미술관.

암스테르담 국립미술관(Rijksmuseum Amsterdam)에는 각종 스테인드글라스와 미술품들이 늠름하게 전시되어 있습니다. 특히 이 건물 2, 3층 한쪽 편에는 아름답고 고풍스러운 도서관이 마련되어 있습니다. 고서들을 실제로 읽고 열람할 수 있는 너무나 아름다운 도서관입니다. 이 도서관에 대한 감상은 말로 형언하기 어렵기 때문에 그저 넋을 놓고 이 공간을 바라보는 사진으로 대신할 수밖에 없습니다. 도서관 구석에 놓인 원형 계단은 우아한 도서관의 완벽한 부속품이 아닌가 하는 확신을 주기도 했습니다. 하지만 이곳의 미술품을 관람하고 아들에게 설명하기에도 빠듯한 시간이었기에 저는 다시 발걸음을 미술관 내부로 돌렸습니다.

암스테르담 국립미술관이 소장한 21점의 렘브란트 컬렉션 중에서 앞서 소개한 〈야경〉과 〈유대인 신부〉 보다도 제게 깊이 다가온 그림은 바로 예레미야애가를 소재로 한 성화였습니다. 인물이 좌측 손으로 턱을 괴고 바닥을 응시하며 슬픔에 빠진 이 장면은 탄식과 무기력감에 휩싸여 있는 한 노인을 보여 줍니다.

임스테르담 국립미술관 앞마당에서 아들과 함께

암스테르담 국립미술관의 아름다운 도서관

저는 그림을 처음 본 순간, 제목을 보지 않고도 이는 분명 렘브란트의 그림이며 구약시대의 선지자를 그렸다는 것 정도는 곧바로 알아차릴 수 있었습니다. 우선 앞서 설명한 렘브란트 조명에 의한 구도와 색채로 렘브란트의 작품임을 확신하고, 그림의 제목을 보고 흰 수염의 노인이 예레미야라는 것을 확인했지요. 짐작이 맞았으니 이제 좀 더 다가가 그림을 들여다 보았습니다. 예레미야는 좌측 팔꿈치를 성경 위에 올려 턱을 괴고 있습니다. 책에는 성경이라는 글자가 새겨져 있는 듯합니다. 그는 하나님의 계시를 받아 남유다의 멸망에 대해 백성과 통치자에게 목놓아 경고하고 회개를 촉구했습니다. 그러나 남유다 백성들은 예레미야를 무시하고 조롱했지요. 나아가 그들은 그의 선지적 예언을 거부하고 바빌론 식민지를 터부시하며 자신들이 바라는 정치적 요구를 굽히지 않았습니다. 예레미야가 백성들에게 강조했던 것은 바로 그들의 죄악에 대한 진정한 통회 속에서 하나님의 통치와 주권을 인정해야만 한다는 점이었습니다. 그렇게만 한다면 여호와는 이 백성을 용서하고 그의 진노를 그치실 거라고 반복적으로 이야기합니다. 허나 그들은 고집과 죄악을 굽히지 않았지요.

예레미야는 동굴 안의 바위로 된 배경에 앉아 있습니다. 그리고 그의 좌측에는 화염으로 멸망하고 있는 예루살렘 상황이 희미하게 그려져 있습니다. 잘 보이지 않는 부분이지만 힘없는 백성들의 통곡과 절규가 이 동굴 안까지 전해 들리는 듯합니다. 여호와의 예언된 심판 앞에 예레미야도 애써 시선을 돌려 그 상황을 외면해 보려 하지만 그의 우울과 슬픔은 무기력이라는 구슬에 선명히 꿰어지고 있음을 알 수 있습니다.

렘브란트는 부지런하게도 성경의 내용을 인용하기에 그치지 않고 1세기의 위대한 역사가 요세푸스가 『유대 고대사』에 적은 내용을 그림에 보탠 것으로 보입니다. 요세푸스에 따르면 솔로몬이 세운 여호와의 성전이 바빌론 병사들에게 송두리째 약탈당하기 전에 예레미야는 성전에서 보물 일부를 구해서 동굴에 갖혔다는 기록이 있습니다.

그가 팔을 올리고 있는 성경 앞의 찬란한 보물들이 화마로 둘러싸인 재앙의 불빛 앞에 역설적으로 반짝이고 있습니다. 반사된 조명을 이용한 전형적인 렘브란트 조명의 표현 방식 덕분입니다. 그는 진정 다급하게 쫓겨서 동굴로 숨은 듯 성경 뒤에는 며칠을 버틸 물병과 빵이 놓여 있습니다. 바닥을 응시하는 그의 눈동자와 제스처에서 이미 바닥난 기력 가운데에서도 떨치지 못한 근심과 우울의 한없는 깊이가 느껴집니다.

패배적이고 우울한 분위기의 이 스토리는 사실 성화에 자주 인용된 주제는 결코 아니었습니다. 그러나 작가로서의 초기에 해당하는 1930년에 제작된 이 그림을 보고 있자면, 그의 스승 피터르 라스트만에게서 유래한 것으로 보이는 섬세한 사실적 표현이 엿보입니다. 특히 노인의 표정과 주름과 감긴 눈을 집중해서 바라보세요. 이내 이 노인과 같이 깊은 한숨을 내쉬는 것 외에는 다른 어떤 말도 담을 수 없는 깊은 선지자의 절망과 복잡한 심경이 잘 담겨 있습니다.

이 그림이 제작된 17세기 네덜란드 황금기와 플랑드르 바로크 회화에서 새로 등장한 그림 유형이 있으니 이를 '트로니'(tronie)라고 합니다. 기존의 인물화는 귀족이나 거상들의 요구에 의해 초상화를 그리고 화가들이 상대적으로 많은 작품비를 받는 방식이었습니다. 하지만 점차 여러 인종과 서민들의 다채로운 얼굴을 그림 속에 그려 넣는 독창적인 그림이 자주 시도

되기에 이릅니다. 상대적으로 적은 비용에 제작된 트로니는 귀족이나 부자들의 대저택에 걸리는 것이 아니라 서민들에게 쉽게 공유되면서 인기 있는 장르로 자리 잡게 됩니다. 이러한 사조는 렘브란트와 더불어 당시의 탁월한 화가였던 페르메이르의 작품에도 등장하는데 그 중 가장 유명한 작품이 바로 〈진주 귀걸이를 한 소녀〉입니다.

다시 돌아가 렘브란트의 그림에서 예레미야로 등장하는 이 노인 또한 무명의 인물로, 역시나 트로니로 이해됩니다. 무명의 노인이지만 그의 의복과 카펫은 화려하기 이를 데 없어 그가 존귀한 자임을 대변하고 있습니다. 하지만 그러한 세속적 가치가 멸망하고 있는 나라 앞에 얼마나 허무한 것인지도 렘브란트는 대조적으로 강조하고 있지요.

아마도 그림 속 노인은 하나님을 부르며 이 구절을 되뇌고 있지 않았을까요?

내 고초와 재난 곧 쑥과 담즙을 기억하소서 내 마음이 그것을 기억하고 내가 낙심이 되오나 이것을 내가 내 마음에 담아 두었더니 그것이 오히려 나의 소망이 되었사옴은 여호와의 인자와 긍휼이 무궁하시므로 우리가 진멸되지 아니함이니이다 이것들이 아침마다 새로우니 주의 성실하심이 크시도소이다 내 심령에 이르기를 여호와는 나의 기업이시니 그러므로 내가 그를 바라리라 하도다(애 3:19-24).

그의 자손들이 고난과 수치를 당하는 그 쓰디 쓴 역사 앞에 예레미야는 놓여 있었습니다. 그러나 그는 완전히 자신의 자녀들을 진멸하지 않고 여전히 소망과 자비를 남겨 두시는 주의 인자하심을 붙들고 기도하지 않았을까요? 실제로 마지막까지 느부갓네살 왕을 배반한 시드기야 왕은 두 눈이 뽑히며 죽는 날까지 투옥되었습니다. 하지만 겨우 목숨을 부지하던 유다 왕 여호야긴이 바벨론으로 사로잡혀간 지 37년 후, 에월므로닥 왕이 즉위하자 그는 여호야긴을 감옥에서 풀어주고 왕과 함께 식사를 하게 합니다(렘 52:31-34). 형체 없이 사라져 가던 유다를 여전히 포기하지 않으시고 다윗의 자손으로 오신 메시아 예수를 통해 용서와 사랑의 소망을 놓지 않으시는 그분의 자비 앞에, 우리는 그저 엎드려 경배할 따름입니다.

> 요시야가 여호와 보시기에 정직히 행하여 그의 조상 다윗의 모든 길로 행하고 좌우로 치우치지 아니하였더라(왕하 22:2).

여호와의 말씀에 의존하지 않고는 단 하루도 중심을 잡지 못하고 걸을 수 없는 것이 틈만 나면 죄로 향하는 인간의 본성일 것입니다. 나의 됨됨이와 의지로는 여호와 보시기에 전혀 의롭고 정직하게 살아갈 수 없습니다. 그의 마음으로 매일 회개하며 나를 쳐 복종시키는 일상의 정직한 신앙과 도움을 통해서만 그리스도를 통한 제자도의 삶으로 다가갈 수 있다고 저는 굳게 믿습니다.

'주여 미련하고 연약한 저희를 구원하소서.'

이사야와 청색옥
존귀한 자들은 눈보다 빛나고 우유보다 희다

요하네스 페르메이르, 〈진주 귀걸이를 한 소녀〉, 1665, 네덜란드 헤이그 마우리츠하위스.

우리가 알고 있는 〈진주 귀걸이를 한 소녀〉는 요하네스 페르메이르(Johannes Vermeer 또는 Jan Vermeer, 1632-1675)의 가장 유명한 그림입니다. 그러나 그림 속 소녀가 실제로 존재하는 사람이 아닌 상상의 인물이라는 사실을 아는 사람은 많지 않습니다. 앞서 언급했지만 이는 '트로니'라는 17세기 화풍의 그림입니다. 그림에서 소녀는 당시에는 찾아보기도 힘든 아시안 터번을 머리에 두르고 지나치게 큰 진주 귀걸이를 하고 있습니다. 또한 눈썹이 없는 탈시대적인 패션과 묘한 매력을 보이고 있지요.

주문 제작 방식으로 그리던 기존의 초상화와 달리 개성적인 개인이나 이국적인 모습을 담은 이러한 트로니가 유행하며 당시 회화에는 새로운 시장과 가능성이 열립니다. 이에 편승하여 가장 인기를 누린 것이 페르메이르였지요. 결혼하기 전 페르메이르는 개신교 신도였으나, 결혼하면서 로마 가톨릭으로 옮겼다고 알려져 있습니다. 또한 작품이나 기록이 많이 남아 있지 않아서 신비감을 간직한 화가입니다.

특히 페르메이르의 그림에는 눈길을 끄는 색감이 있는데 바로 '울트라 마린'이라고 불리는 군청색입니다. 소녀의 이마를 두른 터번의 색깔이시요. 이는 라피스 라줄리(lapis lazuli)라는 귀한 보석을 원료로 해서 만들어 내는 물감이었습니다. 'lapis'는 파란색, 'lazuli'는 돌이라는 뜻으로 합쳐보면 파란 돌, 즉 청색옥이라는 의미를 가진 귀한 재료였습니다. 이는 고대로부터 금과 동일한 무게로 거래될 만큼 비싼 미술품 재료였습니다. 근세 이전에는 오직 아프가니스탄 북동부의 바다흐샨 채석장에서만 어렵게 구할 수 있어서, 오직 최상류층이나 귀족의 지원을 받는 화가만이 물감을 사용할 수 있었지요.

마르코 폴로는 이 지역을 직접 방문해서 이렇게 기록한 바 있습니다. "그 지역에 세계에서 가장 훌륭한 청색옥이 발견되는 산이 있습니다. 그것은 은색 줄무늬와 같은 혈관으로 나타납니다." 라피스 라줄리는 그 놀랍고 신비로운 압도적 색채감 때문에 고대 이집트, 중국, 유럽 등지에서 조각과 보석의 재료로도 사용되었습니다. 당시 르네상스 시대의 미켈란젤로나 레오나르도 다빈치 같은 대가들 조차도 그림을 계약할 때 값비싼 라피스 라줄리를 이용한 물감을 얼마나 어떤 곳에 그려 넣을지를 계약서에 미리 적을 정도로 회화 제작에 아주 중요한 부분으로 여겨졌다고 합니다.

청색옥은 이렇게 다른 어떤 안료와도 비교할 수 없는 생생한 파란색을 제공했을 뿐만 아니라, 사용된 예술 작품에 신성한 본질을 더했습니다. 금보다 더 높은 가치의 물감이 쓰였다는 것은 일반적으로 작품을 의뢰한 사람의 높은 지위를 나타냈기 때문입니다. 그래서 군청색의 이 물감은 주로 여성을 상징하는 파란색을 표현하기 위해 가톨릭 성화 중에는 성모 마리아와 같이 중요한 인물에만 주로 사용했지요.

청색옥은 비싼 가격만큼이나 울트라 마린('바다 저 멀리'라는 의미를 가짐)의 영롱한 색을 아주 오랫동안 유지함으로서, 명화를 더욱 돋보이게 하는 결정적 요소로 자리 잡게 됩니다. 이러한 물감을 17세기 네덜란드의 트로니라는 화풍에 적용한 대표적 작가가 바로 페르메이르입니다. 그리고 이를 사용해 그려진 그림은 응당 당시 최고가의 그림으로 거래되곤 했지요.

페르메이르의 〈우유 따르는 하녀〉도 여지없이 이 울트라 마

값비싼 물감 재료인
라피스 라줄리(청색옥)

이사야와 청색옥

요하네스 페르메이르, 〈편지를 읽는 여인〉, 1662-1663, 암스테르담 국립미술관.

린이 사용된 것을 관찰할 수 있습니다. 렘브란트와 달리 페르메이르의 그림에서 표현된 조명과 전체적인 분위기는 상당히 부드럽고 온화합니다. 나아가 공간에 배치된 입체적인 표현은 이렇게 평범한 인물과 소품을 그렸음에도 불구하고 왜 그가 시대를 초월하여 찬사를 받는 화가가 되었는지 십분 이해하게 합니다. 마치 스냅사진을 보는 것 같은 자연스러운 일상의 찰나를 담은 그의 시선과 표현력 앞에 저는 잠시 멈추어 존경심을 보내지 않을 수 없었습니다.

〈편지를 읽는 여인〉에는 평온한 아침 햇살을 배경으로 개인적인 편지를 읽고 있는 푸른 옷의 젊은 여인이 보입니다. 이는 〈진주 귀걸이를 한 소녀〉와 비슷한 시기에 그려진 작품입니다. 작품 속의 모든 색상은 울트라 마린 색을 돋보이게 하는 바탕으로 작동하고 있습니다. 여성이 남편의 편지를 읽고 있는지 남편 아닌 연인의 편지를 읽고 있는지는 확실치 않습니다. 또한 여성이 임신 중인지 당시 복장의 유행이 그러했는지도 논란의 대상입니다. 그러나 정말 놀라운 점은 여성의 얼굴과 팔의 피부가 회색으로 돼 있다는 점입니다. 이는 당시 어떠한 그림에서도 볼 수 없는 채색과 표현법이었으며, 렘브란트라는 당시대의 대가와 구별되는 찬란한 페르메이르만의 개성과 시각을 드러냅니다.

한편 저는 개인 묵상을 하다가 성경에 이 군청색 물감의 원료였던 청색옥에 대한 언급을 발견하고 깜짝 놀란 적이 있습니다.

전에는 존귀한 자들의 몸이 눈보다 깨끗하고 젖보다 희며 산호들보다 붉어 그들의 윤택함이 갈아서 빛낸 **청옥**같더니(애 4:7). Their princes were brighter than snow and whiter than milk, their bodies more ruddy than rubies, their appearance like **lapis lazuli**.

예레미야 선지자는 남유다 예루살렘의 함락과 바벨론 제국의 위협을 경고하고 회개를 촉구한 예언자입니다. 그는 예레미야 애가에서 남유다 백성들의 죄악과 멸망 전에 아름다웠던 용모를 마치 윤택함을 갈아서 빛낸 라피스 라줄리 즉 청옥으로 비유한 것입니다. 또한 주를 따르던 자들의 몸은 눈보다 빛나고 우유보다 더 하얀 모습이었다고 표현합니다.

반면에 이사야 선지자는 예레미야보다 약 100년 정도 앞서 기원전 8세기에 유다 왕국의 회개와 다가올 심판을 예언한 선지자입니다. 당시 남유다 왕국은 앗수르(아시리아) 제국의 위협을 받고 있었는데 그는 신실하게 하나님 앞에 백성들이 회개하고 돌아올 것을 다음과 같이 부르짖습니다.

여호와께서 말씀하시되 오라 우리가 서로 변론하자 너희의 죄가 주홍 같을지라도 눈과 같이 희어질 것이요 진홍 같이 붉을지라도 양털 같이 희게 되리라 너희가 즐겨 순종하면 땅의 아름다운 소산을 먹을 것이요 너희가 거절하고 배반하면 칼에 삼 켜지리라 여호와의 입의 말씀이니라(사 1:18-20).

우리의 붉은 죄가 흰색처럼 깨끗하게 되리라는 말씀 앞에, 진정 이 세상을 창조한 예술가이자 화가이신 그분의 창조적 신성을 발견하고 놀라지 않을 수 없습니다.

천재 화가이자 조각가였던 미켈란젤로 또한 이 성경구절을 읽으며 화가로서 유난히 깊게 말씀의 의미에 반응하지 않았을까 생각해 봅니다. 그런 관점으로 그가 그린 회화들을 돌아봅니다. 바티칸 시스티나 성당을 방문했을 때 저는 천장화를 바라보며 그의 표현력에 흠칫 놀랐습니다.

미켈란젤로는 시스티나 성당 천장화에 이사야 선지자를 그려 넣었습니다. 그리고 등 뒤에 있는 고아와 과부를 걱정스럽게 흘깃 처다볼 뿐 전혀 돕지 않는 남유다 백성들의 태도를 풍자적으로 그려 넣었습니다. 그의 오른손은 성경을 완전히 덮지 않고 손가락을 넣어서 읽고 있던 부분을 붙잡고 있습니다. 이러한 모습을 보여줌으로써 문자적 종교성에만 심취했던 당시 지도계급의 위선적 모습을 고발하고 있습니다. 특히 그의 망토와 성경에 사용된 파란색은 여지없이 울트라 마린의 블루 컬러로 채색되어 있습니다.

이사야 선지자는 앗수르의 위협 앞에 백성들의 회개를 촉구했습니다. 그러나 어호와의 뜻과는 전혀 다른 백성들의 위선적이고 이중적인 태도를 보며 작가는 그림을 통해 고발하고 지적했던 것입니다.

진정한 회개란 눈물의 통회와 죄의 자복이 수반되는 과정이 필수적입니다. 이러한 과정을 통해서만 구원을 얻으며 심판을 면하는 은혜를 얻게 되는 것이리라 생각합니다. 사망에서 생명으로 전환되는 거룩한 문은 바로 예수를 통해서만 가능하다는 점을 다시 고백합니다.

> 내가 진실로 진실로 너희에게 이르노니 내 말을 듣고 또 나 보내신 이를 믿는 자는 영생을 얻었고 심판에 이르지 아니하나니 사망에서 생명으로 옮겼느니라(요 5:24).

'주여 우리 죄를 변찮는 주의 사랑과 자비로 눈 같이 희게 하소서.'

미켈란젤로, 〈이사야 선지자〉, 1508-1512, 바티칸 시스티나 성당.

노아의 고독
증명이 아닌 회복

윌리엄 벨 스콧, 〈대홍수의 전야〉, 1865, 런던 테이트 브리튼.

좌측에는 거만하게 술잔을 쥔 채 나태한 태도로 앉아 있는 타락한 왕과 신하들로 대표된 인류가 있습니다. 그들은 우측에서 방주에 올라타는 신실한 자들을 내려다보며 조롱과 적대의 눈빛을 보내고 있습니다. 부족할 것 없는 부와 음란을 즐기고 있는 이들은 방주로 들어가는 사람들에게 심지어는 술잔을 내밀며 비웃고 있습니다. 왕 주변에는 반라의 여성들과 꽃 그리고 애완동물들이 놓여 있습니다. 왕의 머리 위로는 황새가 날아다니며 그들의 고귀함을 상징하고 있습니다. 그러나 이 모든 것들은 곧 물에 휩쓸려 사라질 이 세상의 헛된 부유함과 힘에 불과할 따름입니다.

방주에 올라타는 사람들을 기둥 사이로 훔쳐보고 있는 대부분의 남은 자들은 이들이 지독히 미련하게만 보였을 것입니다. 그러나 불길하게도 그림 우측의 하늘은 붉게 물들어, 곧 하늘에서 쏟아질 물의 재앙을 상징하는 듯 보입니다.

노아와 세 아들 셈, 함, 야벳을 비롯한 가족들은 각종 짐승들을 배에 싣고 홍수에 대비할 채비를 하느라 상당히 분주했을 것으로 보입니다. 마른 하늘 아래 거대한 방주를 수십 년간 산 위에서 건조해가는 이들을 나른 사람들은 얼마나 정신이 나갔다고 치부하고 욕을 퍼부었을까요? 혹시 "그래, 홍수가 온다고 하자, 그래서 너만 살려고?" 이렇게 비꼬는 말을 하지는 않았을까요? 하지만 그 시대에도 노아의 예언과 설득을 믿는 신실한 자들이 있었다면, 그들은 지금 선택받아 방주에 오르고 있었을 것입니다.

> 당시에 땅에는 네피림이 있었고 그 후에도 하나님의 아들들이 사람의 딸들에게로 들어와 자식을 낳았으니 그들은 용사라 고대에 명성이 있는 사람들이었더라 여호와께서 사람의 죄악이 세상에 가득함과 그의 마음으로 생각하는 모든 계획이 항상 악할 뿐임을 보시고 땅 위에 사람 지으셨음을 한탄하사 마음에 근심하시고(창 6:4-6).

하나님의 아들과 사람의 딸의 결합은 특정 혈육이나 인종을 상징한다고 보기보다는 하나님의 창조 원리가 무너진 타락과 혼돈의 상태로 해석하는 것이 가장 적절해 보입니다. 그렇게 무질서하고 무분별한 혼인과 결합 속에서 태어난 자들이 바로 네피림입니다. 향후 다윗과 싸웠던 골리앗이 바로 아낙 자손의 후예로 여겨지는데 이들도 네피림의 후예로 생각되고 있습니다. 나아가 네피림은 특정 자손을 넘어서 하나님의 사랑과 순종의 원리가 아닌, 무력과 힘으로 세상을 정복하고 그 위에 군림하려는 이들을 통칭한다고 볼 수 있습니다.

저는 이를 'prove'라고 지칭합니다. 세상을 향해 자신의 능력, 외모, 쓸모, 배경, 학연, 지연, 출신, 자본, 권력을 증명하고 자랑하는 자세 말입니다. 하나님은 이러한 자기 증명을 결코 원하지 않으시며 사람들의 이러한 모습을 한탄하고 근심하셨다고 적혀 있습니다.

반대로 제가 강조하는 그리스도인다운 태도는 바로 'improve'입니다. improve는 전혀 다른 의미인 '개선되어지다, 향상되다, 나아지다'라는 의미를 가진 목적어가 필요 없는 수동형의 자동사입니다. prove 앞에 붙은 접두어 im은 into의 의미를 가집니다. 하나님의 말씀과 영으로 들어가 그분의 마음과 공명될 때 우리의 노력이나 증명이 아닌 주를 통한 진정한 향상과 나아짐을 입을 수 있는 것입니다. 공허한 몸부림의 증명이 아닌, 나를 비우고 주의 뜻을 구하며 그분의 말씀에 순종할 때 얻는 무릎 꿇음을 통해서만 만날 수 있는 진정한 회복이 바로 improving인 것입니다.

proving이 주인 되는 세상 속에서 노아와 그의 가족 여덟 명은 세상의 비웃음을 무릅쓰고 주의 명령에 순종하여 자그마치 120년 동안 산 정상에서 improving의 삶을 살았습니다. 그들은 외롭게 그러나 꾸준히 방주를 지으며 이루어 갔습니다. 그 결과

이 세상을 홍수로 쓸어 버릴 결심을 하실 정도로 분노하셨던 하나님께서 노아와 그의 가족에게만은 구원의 은혜를 주십니다.

> 이르시되 내가 창조한 사람을 내가 지면에서 쓸어 버리되 사람으로부터 가축과 기는 것과 공중의 새까지 그리하리니 이는 내가 그것들을 지었음을 한탄함이니라 하시니라 그러나 노아는 여호와께 은혜를 입었더라(창 6:7-8).

물론 노아가 950세를 살았다고 기록되어 있지만 120년간 산에서 방주를 짓는 과정이 얼마나 고되고 지치는 일이었을지 상상해 봅니다. 때로는 그의 아내와 아들들이 핀잔을 주지는 않았을까요? 정말로 비가 내리기는 하는 거냐고 몇 번이고 되물을 때 그는 뭐라고 답했을까요? 그렇게 반복되는 하루하루를 노아는 어떻게 견뎌 낼 수 있었을까요? 그리고 마침내 궁창이 열리고 배가 떠오를 때 그의 마음은 벅참과 동시에 물에 쓸려가는 저들을 보며 가슴이 찢어지지는 않았을까요? 노아라는 이름은 안식이라는 의미를 가지는데 그는 방주를 만들기 전에도 후에도 이러한 이유들로 진정한 안식을 누릴 겨를이 없었을 것 같습니다. 그래서 그의 회환과 고통을 잊기 위해 포도주를 마시고 아들들 앞에서 나체를 드러내는 필부의 행동을 하지는 않았을까 하는 근거 없는 상상을 해 보기도 합니다.

최근에 가장 즐겨 듣는 CCM이 있는데 그 노래의 제목이 바로 〈방주〉입니다.

나는 알 수 없었죠
당신의 계획
하늘은 여전히 맑은데
산 위에 방주 만들라 하시죠
이해할 순 없어도
당신의 말씀
사람들 미련하다 비웃어도
산 위에 방주 준비하며 기다려

그날 하늘의 창 열리고
그날 높은 산도 잠기네
당신 위엄 앞에 다 잠잠해
생명의 기운 끝나갈 때
당신이 일하시네

다시 보이신 약속으로
내게 믿음의 증거 주네
너의 순종 헛되지 않았노라

내 마음 위로해 주시네

이제 나는 알아요 미련해 보여도

당신의 약속을 붙들고 잠잠히 기다려

그날에 우린 보리 구원의 방주

예수 안에서 끝까지 견딘 우리

구원을 얻으리라

_달빛마을 〈방주〉[6]

  이 그림은 '대영제국은 해질 날이 없다'라는 표현으로 유명한 빅토리아 여왕(1819-1901) 시기에 그려졌습니다. 대항해시대를 관통하는 대영제국의 국력이 절정에 달하는 시기이자 거대 자본에 의해 노동자들에게 과도한 노동이 강요되며 근면함을 시대의 미덕으로 강요받던 시기에 윌리엄 벨 스콧(William Bell Scott)이라는 화가가 이러한 시대 분위기를 담아 그린 것으로 추정됩니다.

  영국에서 가장 거대한 미술관 중에 하나인 테이트 브리튼 미술관(Tate Britain Museum)에서 이 작품을 소장하고 있습니다. 영국의 16세기를 주름 잡은 튜더왕조 시기부터 현재까지의 미술품을 수집한 헨리 테이트 경이 설립한 미술관으로, 저는 이 미술관 카페테리아에서 바라보는 탬즈강 풍경을 정말 사랑합니다.

강을 가로지르는 멋들어진 밀레니엄 다리 너머로 세인트 폴 대성당의 돔을 감상할 수 있는 액자 같은 풍경입니다. 이런 아름다운 장면을 거부할 자가 있을까요? 관람에 지친 눈과 다리를 의자에 기대어 쉬며 따뜻한 커피 한 잔을 주문하는 작은 사치를 누릴 수 있는 공간입니다.

노아도 홍수가 그친 뒤 방주에서 내려 새로운 삶을 일구던 시절 잠시 커피 한 잔을 통한 대화와 위로가 필요했을지도 모르겠습니다. 하나님의 말씀을 따르며 산다는 것은 가끔은 외롭고 멈춰 서고 싶은 순간을 만나기도 하는 일입니다. 그럴 때 신앙의 친구와 나누는 격려와 위로는 우리의 믿음의 날을 다시 날카롭게 연마해 주지요. 하나님의 구원을 받은 대표자로 살아가며 빈틈을 보일 수 없었을 노아에게 고독을 나눌 진구소자 없있을 깃이라는 생각에 오늘 따라 가엽게 여겨지는 것은 무리한 생각의 확장일까요?

저에게는 improving의 삶을 살아가는 의사로서 외로움과 피로가 밀려올 때 서로를 위로하고 격려하는 친구가 있습니다. 비록 지구 반대편에 살고 있기는 하지만, 시카고 노스웨스턴의과대학의 종양내과 교수로 일하고 있는 세계적 석학이자 폐암 명의인 든든한 친구입니다. 이 친구는 최근 한국행 비행기 안에서 저를 생각하며 이러한 시를 적어 선물로 보내주었습니다.

〈복음으로 사는 친구에게〉

친구야
네가 복음으로 꿋꿋이 살아주어서
얼마나 고마운지 몰라

친구야
네가 외로운 섬들을 예수님 마음으로 품어주어서
얼마나 자랑스러운지 몰라

내 친구
얼마나 마음 고생 많았을까?
얼마나 많은 눈물을 흘렸을까?
얼마나 외로웠을까?
얼마나 견디기 힘들었을까?
그런데 친구야
내 안의 주님이 너에게도 왕 되셔서
얼마나 감사한지 몰라

친구야
복음 안에서 우리 한마음으로

동역할 수 있어서

축복할 수 있어서

우리 환자들 함께 사랑할 수 있어서

그래서 나는

얼마나 행복한지 몰라

친구야 참 고맙다

_채영광(동창 박정욱 원장의 『낙도행전』을 읽고서)

우리는 서로의 왕 되시는 하나님을 통해 지구 반대편에서도 소통하며 주의 마음과 공명하여 살아가는 아름다운 친구이자 형제로 살아가기를 기도합니다. 저는 소중한 신구에게 〈방주〉의 가사를 인용해 답장으로 남깁니다.

"너의 순종 헛되지 않았노라

내 마음 위로해 주시네"

아브라함과 이삭
제가 여기 있습니다

렘브란트 반 레인, 〈이삭의 희생〉, 1635, 러시아 에르미타주 박물관.

렘브란트는 '빛의 화가'로 알려진 바로크 시대의 위대한 네덜란드 화가입니다. '렘브란트 조명'(Rembrandt lighting) 기법으로 유명한 회화 작품을 창조적으로 남긴 화가입니다.

동시대의 라이벌 화가이자 가톨릭 신자였던 루벤스와는 다르게 개신교도인 렘브란트는 좀 더 소수가 등장하는 성경적 주제를 주로 다루었습니다. 17세기의 네덜란드 화가들은 도시나 자연의 풍경, 초상화, 정물화 등에 집중했다면, 렘브란트는 성경적 주제에 큰 관심을 두고 많은 작품을 남겼습니다.

아주 익숙한 주제인 창세기 22장의 일화를 담은 렘브란트의 그림은 아브라함이 하나님께 믿음을 증명하려다 그를 제지하는 천사의 등장에 깜짝 놀라는 극적인 장면을 담고 있습니다. 보통 아브라함의 표정에만 주목하기 쉽지만 그가 왼손으로 이삭의 입을 틀어막고 고개를 뒤로 젖히고 있는 장면은 그의 행동에 주저함이 없었음을 확인할 수 있습니다. 정말 천사의 제지가 없었다면 그의 칼은 이미 아들의 창자에 박혀 있었을지도 모릅니다.

렘브란트는 신구약 성서를 배경으로 많은 그림을 남긴 것으로 유명합니다. 이삭을 해치려던 아브라함의 이 성화는 그의 스승이었던 피터르 라스트만이 약 20여 년 전 앞서 그린 〈아들 이삭을 희생하는 것을 막는 주의 천사〉와 밀접한 관련이 있는 것으로 보입니다.

전체적인 구성과 특히 왼손으로 아들의 이마를 누르고 있는 장면 그리고 천사가 아브라함의 팔을 잡는 묘사 등은 렘브란트가 스승이 그린 이 그림을 깊이 참고하였을 것이라고 어렵지 않게 짐작할 수 있습니다.

반대로 렘브란트의 문하에도 많은 제자가 있었습니다. 독일 뮌헨에는 렘브란트의 제자였던 고베르트 플링크 혹은 페르디난트 볼로 추정되는 제3자가 1636년에 제작한 작품이 남아 있습니다. 비슷한 구성이지만 독일의 알테 피나코테크 컬렉션은 더 밝은 색채로 이것이 다른 작가의 작품임을 보여주고 있습니다. 천사가 좌측이 아닌 뒤에서 등장하여 더 극적으로 아브라함을 제지하고, 그림 좌측에 번제물로 수풀에 뿔이 걸린 숫양을 등장시킵니다. 렘브란트 버전은 천사와 아브라함이 서로 이야기하는 약간의 시간을 허용하는 측면이 있습니다. 반면에 이 그림은 아브라함이 더 크게 놀라 입을 벌리고 튀어나올 듯한 눈빛으로 천사를 바라보며 좀 더 드라마틱하게 놀라는 찰나의 구성을 차용한 것을 확인할 수 있습니다.

창세기 22장을 다시 읽어 보면 아브라함이 이삭을 칼로 찌르려는 순간 천사가 그의 팔을 붙잡기보다는, 아들을 찌르려 할

피터르 라스트만, 〈아들 이삭을 희생하는 것을 막는 주의 천사〉, 1612, 루브르 박물관.

때 아브라함을 천사가 두 번 불렀다고 기록하고 있습니다. 그때 아브라함은 "제가 여기 있습니다"라고 대답합니다. 주시는 이도 주님이시고 취하시는 이도 주님이심을 인정하며 믿음으로 행하려 했던 아브라함은 마지막까지도 하나님의 음성을 기다리고 있었다는 느낌을 지울 수 없습니다. 아이에게 손을 대지 말라는 천사의 정확한 개입과 아브라함의 믿음을 칭찬하는 천사의 말을 통해 우리는 모두 긴장감에서 해방되어 주의 신실하심과 인자하심을 더불어 칭송합니다.

아브라함과 이삭

만약 같은 시험이 주어진다면 저는 어떻게 행동했을까요? 아브라함처럼 제게도 실제로 하나뿐인 아들이 있습니다. 다만 믿음이 적은 저에게는 그런 감당 못할 시험은 주어지지 않기를 바랄 뿐입니다. 오히려 자녀를 위해 목숨을 기꺼이 내놓아야 한다면 훨씬 고민이 적을 듯합니다.

인격적인 하나님은 자녀인 우리의 구원과 생명을 위해서 스스로 인간의 몸으로 이 땅에 오셔서 십자가에 달리시며 우리의 죗값을 피로 치르셨습니다. 하나님은 자녀를 향한 희생에는 주저함이 없으셨습니다. 부모가 되어서 다시 읽는 창세기의 이 구

작가 미상.
〈아들 이삭을 희생하는 것을 막는 주의 천사〉,
1636, 알테 피나코테크 컬렉션.

절과 렘브란트의 회화는 실존적인 질문과 그리스도의 십자가를 다시 떠올리게 합니다.

구약 시대에도 하나님은 속죄를 위한 제물로 대부분 직접 키우는 양, 염소, 소 등을 지정하셨습니다. 내 죄를 짊어지는 희생물로 나와 전혀 상관없는 야생동물이 아닌, 내가 기르고 함께 지낸 가축을 바치게 하셨던 것입니다. 그래서 동물의 숨을 끊고 피를 쏟고 태우는 과정 가운데 마치 내 가족을 바치는 듯한 애통함과 비장함을 죄인에게 요구하셨던 것은 아닐까요? 그래서 신약에서 예수님은 성전 앞에서 돈을 주고 희생제물을 사고 파는 행태를 보며 분노하시지 않으셨던가요? 예수님은 "이러한 형식적인 제물을 내가 받고자 하겠느냐? 나는 너희의 애통과 회개를 원한다! 돈과 하나님을 겸하여 섬길 수 없다!"라고 말씀하셨습니다. 단언컨대 하나님은 제사가 아닌 믿음과 순종 그리고 회개를 원하십니다.

> 내가 너희 절기들을 미워하여 멸시하며 너희 성회들을 기뻐하지 아니하나니 너희가 내게 번제나 소제를 드릴지라도 내가 받지 아니할 것이요 너희의 살진 희생의 화목제도 내가 돌아보지 아니하리라 네 노랫소리를 내 앞에서 그칠지어다 네 비파 소리도 내가 듣지 아니하리라 오직 정의를 물 같이, 공의를 마르지 않는 강 같이 흐르게 할지어다(암 5:21–24).

마가 요한

우리는 도망가지 않을 수 있나요?

안토니오 다 코레조, 〈그리스도의 배신과 마가 사도를 쫓는 병사〉, 1522, 파르마 국립미술관.

이번 장에서는 그림과 예술가에 관한 이야기보다는 마가 요한의 생애와 실패에 대해 좀 더 집중적으로 서술해 보려고 합니다. 예수님의 열두 제자 중 하나이며 요한복음의 저자인 요한과는 구별되는 마가복음을 저술한 마가 요한이 주인공입니다. 마가는 사도행전(12:25, 13:5, 15:37)에서 요한이라고 불리는 것을 제외하면, 신약성서 전체에서 항상 라틴어 이름인 마가로 불립니다. 특히 사도행전 12장을 살펴보면 천사에 의해서 감옥에서 풀려난 베드로가 방문한 집이 바로 마가의 어머니인 마리아의 집으로 기록되어 있습니다. 당시 예루살렘에 있던 그의 어머니의 집은 사도들을 중심으로 하는 사역의 중심지이었던 것으로 보입니다. 몇몇 학자들은 예수님의 최후의 만찬도 바로 이 마가의 다락방이었을 가능성이 크며 마가 요한 또한 최후의 만찬에도 일부 참여했을 가능성을 주장하기도 합니다.

마가가 두 위대한 사도 베드로와 바울 아래서 교육받고 성장하여 사도 못지않은 권위를 가지게 되었다는 점은 부인할 수 없는 사실입니다. 베드로와의 교류를 살펴보면 베드로전서 5장에서 '내 아들 마가'라는 애정을 담은 말로 호칭합니다. 열두 사도에 속하지 못했던 마가가 어떻게 예수님의 행적을 담은 복음서를 저술할 수 있었는지에 대한 근거는 베드로와 보낸 시간에서 찾을 수 있습니다. 마가복음을 읽으면 베드로의 역할과 실패가 가감 없이 담겨 있는데 이를 통해 베드로의 설교와 가르침을 마가가 기록했다는 점은 역사적으로 명백합니다.

특히 마가복음 14장에서는 베드로가 주를 세 번 부인하고 예수님의 열두 제자마저 모두 겁에 질려 달아난 상황에서, 예수님을 따라간 이름 모를 청년 이야기가 등장합니다. 로마 군인들이 그를 체포하려 하자 그는 옷이 벗겨진 채 알몸으로 도망쳤다고 기록되어 있는데, 많은 성경학자는 다른 복음서에 존재하지 않는 내용이 마가복음에만 등장한 것으로 미루어 도망친 이 청년이 바로 마가 요한이 아닌가 하는 심증을 가지고 있습니다.

베드로가 맹세한 대로 그리스도를 따르지 못하고 부인하는 비극은 마가복음에서 다른 시몬, 곧 구레네 사람이 예수님을 대신하여 십자가를 지고 갈보리 언덕을 올랐다는 마가복음 15장의 기록에 의해 그 배신의 충격이 더 강조됩니다. 예수님은 끊임없이 말씀을 통해 "각자가 자신을 부인하고 자기 십자가를 지고 나를 따라야 한다"라고 말씀하셨습니다. 그러나 사도들은 그리스도와 깊이 교제하며 기적을 체험하고 가르침을 직접 들었음에도 죽음의 고난이 눈앞에 주어지자 모두 도망치는 비겁함을 보였습니다. 죄와 죽음의 권세를 물리치신 그리스도의 부활을 통해 비로소 하나님의 자비와 구원을 깨닫고 예수님처럼 순교하기까지 충성하게 되지요.

성경에는 마가의 두 번의 실패가 기록되어 있습니다. 첫째는 마가복음에 기록된 바와 같이 마가도 예수님을 따르다가 로마 군인이 붙잡으려 할 때 혼비백산 도망쳤다는 사실입니다. 또 하나는 사도행전 13장에 기록된 내용으로 바울과 바나바와 함께 했던 선교 여행 중 버가에서 뜬금없이 예루살렘으로 돌아간 일입니다. 이유는 정확히 알 수 없지만, 바울과 바나바의 선교 여행이 그에게는 벅차게 느껴졌던 것으로 추측됩니다.

이 사건의 여파는 여기에 그치지 않고 바울과 바나바가 두 번째 주요 선교 여행을 준비하는 중에 마가를 다시 선교 여행에 포함할지 여부에 대해 둘 사이에 강한 다툼이 일어나게 됩니다. 바나바는 조카인 마가에게 또 다른 기회를 주고 싶어 했습니다. 그러나 바울은 마가가 두 번째로 선교를 포기할지도 모른다고 생각하여 이를 거부하고 각각 다른 방향으로 선교를 떠나게 됩니다(행 15:36-41). 바나바와 마가는 바울과 헤어져 함께 키프로스(구브로)로 떠났고, 사도행전에는 다시 언급되지 않다가 로마에서 베드로의 제자로 다시 나타납니다.

아마도 바울이 로마에 도착했을 때 마가는 바나바의 중재로 바울을 만나 화해했고, 바울이 감옥에 있는 동안 바울은 마가를 '위로'라고 부르면서 많은 애정을 담아 교제를 이어갔다고 추정됩니다. 바울과 바나바가 마가를 놓고 다툰 지 10년이 넘은 후, 바울은 자신의 제자 디모데에게 이렇게 편지를 썼습니다.

> 누가만 나와 함께 있느니라 네가 올 때에 마가를 데리고 오라 그가 나의 일에 유익하니라(딤후 4:11).

서기 60년경, 바울이 감옥에 있을 때, 그는 에베소 근처의 골로새 교회에 쓴 편지에 이렇게 기록합니다.

> 나와 함께 갇힌 아리스다고와 바나바의 생질 마가와 (이 마가에 대하여 너희가 명을 받았으매 그가 이르거든 영접하라)(골 4:10).

저는 마가의 사도로서의 위대한 업적보다는 이 두 번의 실패와 좌절에 주목합니다. 초대교회의 양대 사도였던 베드로와 바울에게 직접 배우며 복음을 배운 마가조차도 그에게 주어진 십자가와 고난을 두 번이나 회피하고 도망쳤다는 기록 앞에 작은 위로를 얻습니다. 또한, 잘못을 묻어 두지 않고 기록하는 마가의 용기 앞에서 깊은 감동을 얻습니다. 복음서의 거룩한 저자마저도 이러한 갈등과 포기를 경험했는데 하물며 우리와 같은 연약한 성도들은 어떠할까요? 옷이 벗겨져 화들짝 놀라 달아나는 청년의 모습에 나의 비겁함이 겹쳐 보이는 것은 저뿐인가요?

지나친 강행군과, 열정의 복음 전도자 바울을 버거워하며 집으로 돌아가고자 하는 어린 청년의 부족한 인내심과 어린 심성을 우리 또한 갖고 있지 않은가요?

그러나 마가는 후에 깊이 주의 영광 앞에 회개하고 돌아온 것으로 짐작됩니다. 베드로의 사역을 쫓으며 복음서를 작성해 가며 그는 깊이 회심한 것 같습니다. 바나바가 어린 조카의 잠재력에 대해 가졌던 믿음과 격려는 결과적으로 깊은 통찰력에 바탕을 둔 것임을 알 수 있습니다. 바울은 바나바와 다투면서 이 어린 청년이 사복음서 중 하나를 써낼 것이라는 상상도 못 했을 것입니다. 마가복음은 그가 남긴 유일한 글인데, 로마 개종자들의 간청과 바람에 의해 쓰였다고 이해됩니다. 그들은 베드로의 설교를 듣고 만족하지 않고, 그의 제자 마가에게 그가 그들에게 전한 것을 역사적으로 기록하도록 촉구했습니다. 그는 이를 충실히 이행하고 베드로의 승인을 받습니다. 그래서 그 글이 집회에서 공개적으로 읽히는 것을 베드로에게 허락받기에 이릅니다. 마가는 특히 "복음", 곧 좋은 소식(막 1:1)이라는 명칭을 사용한 유일한 복음서 저자입니다. 마가복음은 가장 짧은 복음서로, 16장 정도의 분량밖에 되지 않지만, 어떤 기록은 지나치게 자세하기도 합니다. 그 이유는 마가가 로마에서 베드로와 함께 있을 때 설교에 집중해 대중 앞에서 흔히 하는 이야기들까지 받아 적어 모은 내용이기 때문에 가능한 것으로 해석됩니다. 또한, 마가는 베드로의 말투와 습관을 모두 복음서에 잘 담은 것으로 보입니다. 그래서 이를 베드로의 복음서라고 불러도 크게 이견이 없을 정도입니다.

마가는 복음서 저술을 마치고 베드로의 위임을 받아 지중해를 건너 이집트 알렉산드리아에서 세계에서 가장 오래된 기독 공동체인 콥트 교회를 세우고 그곳에서 순교했다고 알려져 있습니다. 베드로로부터 이집트 알렉산드리아에서 복음을 전할 것을 명령받고 이를 수행한 것이었죠. 그런데 이집트에서 기독 공동체를 성공적으로 세워가던 마가에게 끔찍한 일이 벌어집니다. 우상을 숭배하는 지역 주민들이 부활절 무렵 마가를 밧줄에 매달고 말로 끌고 다니며 잔인하고 고통스럽게 그의 생명을 앗아간 것입니다. 그리스도인들은 불탄 그의 시체를 수습해 뼈와 재를 가져다가 그가 설교하던 곳 근처에 정성스럽게 장례를 치릅니다. 그래서 가톨릭과 동방정교회에서는 4월 25일에 성 마르코 축일을 기념해오고 있습니다. 콥트 교회의 초대교황으로 불리는 마가는 그가 머물던 알렉산드리아 바다에 명명되어 기념되고 있으며 4세기부터 이 바다를 '카테드라 마르키'(마르코의 의자)로 부르고 있습니다.

또한 순교한 마가는 '산마르코'라는 이름으로 이탈리아의 도시인 아킬레이아와 베니스의 수호성인으로 추앙받고 있습니다. 그의 유물은 후에 9세기에 알렉산드리아에서 베니스로 옮겨졌

틴토레토, 〈베네치아로 옮겨지는 성 마가의 시신〉, 1562–1566, 아카데미아 미술관.

블라디미르 루키치 보로비코프스키, 〈복음사가 성 마가〉, 1804-1809, 상트페테르부르크.

는데, 그곳에서 유물은 종교적으로 존중받았고 그는 그 국가의 명목상의 성인이자 수호성인으로 지정되었습니다.

9세기 초에 베네치아 상인들은 그의 유해를 그들의 도시인 베니스로 옮겼으며, 유해는 그의 이름을 딴 아름다운 대성당에 안치되었습니다. 그를 품은 성당 앞은 유명한 산마르코 광장으로 전세계인이 사랑하는 참배의 명소가 되었습니다.

마가는 성화에서 주로 복음서를 쓰거나 움켜쥐고 있는 알레고리로 표현됩니다. 또한, 그의 상징은 사자로 그려집니다. 사자가 그의 상징으로 쓰이는 이유는 사자가 눈을 크게 뜬 채 잠을 잔다고 알려져 무덤 속의 그리스도와 왕으로서의 그리스도 사이에 유사성을 제시하는 것으로 이해됩니다.

위대한 복음서의 저술가 마가의 생애에도 오점으로 남을 만한 두 번의 실패를 확인하며 위로와 도전을 얻습니다. 예수님의 모든 제자도 예수님을 버리고 도망치고 말았습니다. 그러나 예수님의 부활을 통해 구원과 복음의 확신을 얻고서는 요한계시록을 쓰기 위해 밧모섬에 유배되었던 사도 요한을 제외하고는 모두가 장렬히 순교하는 역사를 보여줍니다. 우리 모두 한두 번은 그리스도의 십자가와 고난 앞에서 비겁하게 도망칠지언정 주님의 부활과 용서 아래 언제든 아낌없이 목숨을 내어놓는 충직한 청지기로 다시 태어날 수 있지 않을까요? 그의 자비 아래 회심하며 작지만 간절한 기도 제목을 감히 나누고 가져봅니다.

베드로와 요한
기쁨의 달음박질

외젠 뷔르낭, 〈부활의 아침에 무덤으로 달려가는 제자 베드로와 요한〉, 1889, 파리 오르세 미술관.

두 남자가 어디론가 뛰고 있습니다. 하얀 옷을 입은 사람은 무언가를 간절히 바라는 듯 손을 모으고 있고 다른 남자는 오른손을 가슴에 얹고 앞을 응시하고 있습니다. 두 남자 모두 앞을 바라보고는 뛰고 있지만 실제로는 무언가를 생각하고 있는 표정입니다. 우리가 눈을 뜨고 있다고 하여 꼭 무엇을 보고 있는 것이 아니니까요. 이 두 사람 모두 마음의 눈은 그리스도의 무덤을 향해 있습니다. 흰 옷을 입은 젊은이는 사도 요한이며, 짙은 색 옷을 입은 이는 사도 베드로입니다.

이는 요한복음의 상황을 묘사한 것으로 보입니다. 뛰고 있는 이 두 사람은 각각 무엇을 보고 기대하고 있을까요? 주님의 부활에 대한 기대감도 엿보이지만 혹시 누군가 그분의 무덤을 도둑질한 것은 아닐까 하는 염려도 보입니다. 믿을 수 없는 이 사건에 대한 불신도 느껴지며 돌아가신 주님을 다시 만날지도 모른다는 간절한 기대감도 읽을 수 있습니다. 이 그림에서 무엇이 보이는지 잠시 스스로 생각하거나 주변과 나누는 건설적인 시간을 잠시 가져보시기 바랍니다.

안식 후 첫날 일찍이 아직 어두울 때에 막달라 마리아가 무덤에 와서 돌이 무덤에서 옮겨진 것을 보고 시몬 베드로와 예수께서 사랑하시던 그 다른 제자에게 달려가서 말하되 사람들이 주님을 무덤에서 가져다가 어디 두었는지 우리가 알지 못하겠다 하니 베드로와 그 다른 제자가 나가서 무덤으로 갈새 **둘이 같이 달음질하더니 그 다른 제자가 베드로보다 더 빨리 달려가서 먼저 무덤에 이르러** 구부려 세마포 놓인 것을 보았으나 들어가지는 아니하였더니 시몬 베드로는 따라와서 무덤에 들어가 보니 세마포가 놓였고 또 머리를 쌌던 수건은 세마포와 함께 놓이지 않고 딴 곳에 쌌던 대로 놓여 있더라 그 때에야 무덤에 먼저 갔던 그 다른 제자도 들어가 보고 믿더라(요 20:1-8).

요한은 막달라 마리아에게서 소식을 듣고 베드로와 같이 그림처럼 무덤을 향해 뛰었습니다. 더 젊은 제자인 그는 이 놀라움을 직접 확인하고자 베드로를 앞질러 먼저 무덤에 도착합니다. 그러나 소심했던 요한은 차마 무덤에 먼저 들어가 보지는 못하고 베드로가 무덤에 들어갈 때까지 기다립니다. 이들의 복잡한 심경을 이해하기 위해서는 이 달음질 전날 즉, 예수님의 부활의 전날의 상황을 살펴볼 필요가 있습니다.

예수님께서 십자가에서 돌아가신 금요일 사건 후 제자들은 충격과 혼란에 휩싸입니다. 신앙과 현실 앞에 그들은 함께 모여

외젠 뷔르낭, 〈성 토요일〉, 1907-1908, 오르세 미술관.

이 사태를 어떻게 받아들이고 앞으로 무엇을 해야 할지 실존적 고민에 휩싸인 것으로 보입니다. 이 그림 가운데 제자들에게서 어떤 감정이 느껴지나요? 충격, 불신, 절망, 고통 그리고 온갖 복잡한 심정이 모인 이들 가운데 어우러져 있음을 느낄 수 있습니다.

머리를 붙잡고 고통스러워하는 제자(베드로로 추정)부터 그를 위로하는 제자(요한으로 추정)도 있으며 먼 곳을 응시하는 제자들도 보입니다. 바닥을 향해 고개를 숙이고 있는 자들도 보이며 동료들을 그저 멍하니 바라보고 있는 자들도 보입니다.

그들은 아마도 그리스도와 같이 동행하며 그가 보여 주셨던 기적과 말씀을 반추해 보지 않았을까요? 그러나 고통스러운 이 현실 가운데 이들은 그들의 믿음의 견지와는 별도로 그들을 위협해 오는 안위를 걱정해야 하는 상황에 내몰리고 있었습니다. 누가복음 24장에서 그리스도가 제자들과 최후의 만찬을 나누시며 명령하신 대로 그들은 어두운 방에 문을 걸어 잠그고 이 예루살렘성 어딘가에 모여 있습니다.

또 이르시되 이같이 그리스도가 고난을 받고 제삼일에 죽은 자 가운데서 살아날 것과 또 그의 이름으로 죄 사함을 받게 하는 회개가 예루살렘에서 시작하여 모든 족속에게 전파될 것이 기록되었으니 너희는 이 모든 일의 증인이라 볼지어다 내가 내 아버지께서 약속하신 것을 너희에게 보내리니 너희는 위로부터 능력으로 입혀질 때까지 이 성에 머물라 하시니라(눅 24:46-49).

부활의 아침에 무덤으로 달리는 제자 베드로와 요한의 그림을 보기 전에 반드시 그리스도께서 돌아가신 다음날 모여 같이 괴로워하던 제자들의 심정과 기도를 이해해야 합니다. 그렇지 않고는 부활절 아침 소식을 듣고 달려가는 이 두 제자를 온전히 이해하기 어렵다고 믿습니다. 부활의 기쁜 소식은 이처럼 통곡과 눈물 가운데 피어나는 꽃과 같은 생명과 소망이었던 것입니다.

베드로와 요한을 그린 외젠 뷔르낭(Eugène Burnand, 1850-1921)은 철저한 개신교도로서 종교적 작품을 많이 그린 것으로 유명합니다. 이 작품은 프랑스 파리의 오르세 미술관에 전시되어 있습니다. 오르세 미술관(musée d'Orsay)은 19-20세기의 작품이 전시되는 세계적인 미술관으로 신고전주의 인상파 회화와 로댕 같은 작가들의 조각들을 끝도 없이 관람할 수 있는 곳입니다. 오르세 미술관 건물은 기차역(Gare d'Orsay)과 호텔로 지어진 건물이었으나 이를 개조하여 멋진 미술관으로 거듭나서 사용되고 있습니다. 개인적으로 영국 런던의 내셔널 갤러리와 견줄 수 있을 정도로 명화가 가득한 곳이라 파리를 방문할 때면 루브르 박

파리의 오르세 미술관

물관과 함께 필수적으로 방문하는 세계 10대 미술관 중에 하나입니다.

또 외젠 뷔르낭은 스위스의 풍경을 많이 남긴 것으로 유명한데 그의 작품 중 제가 개인적으로 가장 좋아하는 작품은 바로 〈알프스의 황소〉입니다. 실제 그림 좌측 아래에는 그의 선명한 서명을 확인할 수 있습니다. 스위스의 목가적 풍경을 사랑하고 담아 온 뷔르낭의 그림은 그의 작품 앞에서 한참을 멈추어 서서 이 장면을 상상하고 공감하게 하는 설명하기 힘든 능력을 가지고 있음에 틀림없습니다.

성경 속 인물이나 열두 제자마저도 실제로는 고난과 어려움 앞에서 인간의 혼란스러운 감정의 동요와 공포에 휩싸이는 나약하고 평범한 인물들에 불과합니다. 그러한 진솔한 표현과 접근을 통해 그들의 영웅적인 순교 이전에 우리와도 전혀 다를 바 없는 이들의 삶과 믿음을 발견하며 위로를 받습니다. 그리고 여전히 믿지 못하는 제자들을 위해 예수님은 마가의 다락방에 자신을 다시 나타내시고 만나지 못했던 도마를 위해 8일 뒤 또 다시 제자들에게 나타나십니다.

오르세 미술관에서 이 그림을 처음 마주하고 저는 이런 자문을 던진 바 있습니다. 나는 어쩌면 뷔르낭 그림 속 요한과 베드로처럼 지금도 그분의 부활을 진심으로 믿지 못해 여전히 그분의 무덤으로 뛰고 있는 존재가 아닐까? 하고 말입니다.

익숙해지다 못해 몸에 밴 종교적 습관이 아닌 경건의 능력과 확신을 가진 자가 되기를 다짐하는 의미 있던 파리 여행이었음을 추억합니다.

'주여 제게도 당신을 위해 생을 거는 거룩한 믿음이 있게 하옵소서.'

외젠 뷔르낭, 〈알프스의 황소〉, 1884, 로잔 미술관.

최후의 만찬
"그건 말도 안 돼요. 일어날 수 없어요."

레오나르도 다빈치, 〈최후의 만찬〉, 1495–1498, 산타 마리아 델레 그라치에.

전 세계적으로 가장 유명한 그림 중 하나인 〈최후의 만찬〉은 특정 미술관이 아닌 이탈리아 밀라노 산타 마리아 델레 그라치에 성당(Basilica di Santa Maria delle Grazie)의 식당 벽에 그려진 벽화입니다. 여전히 그 장소에 있으며 세월에 의한 부식과 2차 세계 대전 중 있었던 아슬아슬한 폭격의 화마를 견뎌 냈습니다. 여러 세대를 통해 복원되어 현재는 유네스코 지정 세계문화유산으로 보호되고 있습니다.

이곳은 레오나르도 다빈치의 가장 귀중한 그림을 보존하기 위해 습도와 온도 그리고 방문객 수조차도 조절할 만큼 아주 신중히 관리되고 있습니다. 저 또한 2014년 아들과 이곳을 방문하기 위해 미리 예약을 하고 설레는 마음으로 입장한 기억을 가지고 있습니다.

그날은 가을비가 차갑지 않게 내리고 있었습니다. 성인 혼자서는 충분히 감내할 만한 날씨였지만 어린 아들을 비 속에 둘 수 없어 지도를 들여다보다가 나와 아이 모두 만족할 만한 곳을 발견했습니다. 바로 레오나르도 다빈치 국립과학기술박물관이었습니다. 이 성당에서 단지 두 블록 떨어진 곳에 위치한 박물관은 비를 피하고 남은 관람 시간을 보내기에 안성맞춤이었습니다. 다빈치의 과학자적인 면모가 돋보이는 이 박물관은 그의 비행기와 전쟁기기까지 두루 실물 크기로 전시되어 있어 아이들을 동반한 경우 방문할 만한 가치가 있어 보였습니다.

입장을 기다렸다가 먼저 〈최후의 만찬〉에 관한 비디오를 시청한 뒤 성당 안으로 들어가 그림을 만납니다. 생각보다 훨씬 큰 크기였습니다. 설명을 참조하면 4.6X8.8m의 크기이며 성당 구석의 벽을 가득 채우고 있습니다. 벽화나 천장화는 오래 보존되지만 빠르게 완성하여야 하는 프레스코화 기법을 사용하는 것이 그 시대의 일반적 작업 방식이었습니다. 그러나 레오나르도는 보존력은 떨어지나 속도를 조절할 수 있으며 수정이 용이

비 오는 밀라노 거리에서
바라본 소박한
산타 마리아 델레 그라치에
성당과 광장

한 유화를 사용했습니다. 그러한 이유로 그의 그림은 세월의 흔적을 비켜갈 수 없었다고 합니다.

어떤 학자들은 다빈치가 유명한 〈모나리자〉를 비롯해 여러 작품을 끝까지 완성한 예가 드물다는 점을 지적합니다. 그래서 그가 천재적 기질을 가진 ADHD(집중력 결핍 및 과잉행동 장애)를 가지고 있었지 않았나 의심하기도 합니다. 하지만 그가 한 작품을 위해 준비한 스케치와 과정을 공부하다 보면 그럴 가능성은 사실 적어 보입니다. 오히려 다방면에 관한 수많은 천재적 영감과 호기심이 한 분야에 정성을 쏟을 시간을 상대적으로 부족하게 한 것은 아닌가 생각해 봅니다.

막상 현지에서 이 작품을 마주한 순간에는 그림에 대한 미술사적 분석보다도 이 만찬 자리의 실제 분위기는 어떠했을까를 차분히 상상해 보았습니다. 우선 이 그림에서는 예수 그리스도만 전통적인 후광을 전혀 사용하지 않아 죽음을 앞두고 고뇌하는 예수님과 다른 제자들에 얽힌 복잡한 인간적인 심정을 표현하고 있는 듯합니다. 그래서 많은 학자가 이 그림을 르네상스를 여는 역사적 그림이라고 단언하는 바에 동의할 수 있었습니다. 침울, 놀람, 공포, 의심, 결백, 확인, 분노, 기절, 가책, 슬픔, 체념, 부정, 타협, 질문, 탄식, 불신의 갖은 감정들이 이 그림에 담겨 있음을 저는 확인할 수 있었기 때문입니다.

이 실물 크기 사본은 1978-1998년 원본 복원 작업의 주요 참고자료로 사용되었습니다. 특히 이 그림에는 그리스도의 발뿐만 아니라 유다가 쏟은 소금통 등의 세부 사항이 포함되어 있습니다. 잠피에트리노(Giampietrino)는 밀라노에 있을 때 다빈치와 긴밀히 협력하며 작업한 것으로 생각되는 인물입니다. 그래서 독자들에게는 상대적으로 희미한 원본 〈최후의 만찬〉보다는 잠피에트리노의 모사본을 두고 설명하는 편이 더 확연할 듯합니다.

이제 본격적으로 그림을 읽어보겠습니다. 엄청난 긴장감과 의심이 벽화 속 곳곳에 배여 있습니다. "너희 중 하나가 나를 배신하리라"라고 예수가 예언하시자 제자들은 각자 다양한 반응을 보입니다. 중앙의 예수 그리스도를 제외하면 세 명씩 이루어진 네 그룹이 존재하는데, 좌측 세 명의 제자부터 살펴보겠습니다.

좌측부터 순서대로 바돌로매, 알패오의 아들 야고보, 안드레는 모두 크게 놀라는 반응을 보입니다. 바돌로매는 방금 들은 이야기가 진짜인가 중앙을 집중하고 있습니다. 야고보는 수제자인 베드로에게 손을 뻗어 더 정확히 정보를 얻으려 하는 것처럼 보입니다. 마치 "베드로, 주님이 뭐라고 하셔? 이게 무슨 일이야?"라고 말하는 것 같이 보이지 않은가요? 특히 안드레는 절대 배신자가 자신일리는 없다며 양손을 들어 결백을 표하는 듯합니다.

다음 그룹은 베드로, 유다, 요한입니다. 파란 옷을 입은 베드

잠피에트리노, 〈최후의 만찬 복제본〉, 1520, 런던 왕립예술학교.

로는 오른손 뒤로 칼을 들고 있는데 나중에 예수를 결박하려던 로마 군인의 귀를 자르는 행동을 할 것을 암시합니다. 예수님을 향해 배신자가 누구인지 다시 묻고 있습니다. 특히 범인인 유다는 오른손에 은화가 든 주머니를 움켜쥐고 자신도 모르게 소금통을 엎지르고 맙니다. 이는 고대 근동에서 '주인을 배신하다'라는 은유적 의미를 가지고 있기 때문으로 해석됩니다.

마태복음 26장에서 예수님은 "나와 함께 그릇에 손을 담그는 자가 나를 배반하리라"고 말씀하시는데 그 예언대로 그림 속에서도 유다의 왼손과 예수님의 오른손이 한 그릇을 향해 손을 뻗고 있습니다. 예언에 흠칫 놀랐는지 양심에 가책을 느꼈는지 뒤로 물러서는 유다의 모습은 분노하여 배신자가 누구냐고 묻는 듯한 베드로의 모습과 대조를 이룹니다. 베드로와 제자들 모두 주와 함께 죽을지언정 주를 부인하지 않겠다고 다짐하나, 그들은 실제로 십자가의 위협이 주어지자 모두 뿔뿔이 도망쳤습니다.

예수님의 우측에 앉은 요한은 이 사실에 놀라 혼절하듯 옆으로 쓰러지려는 듯합니다. 요한복음의 표현과는 달리 예수님이 아닌 베드로 쪽으로 기울어 있는 점이 눈에 띕니다. 요한의 연약한 심성과 창백한 외모가 잘 어울리는 듯합니다.

중앙에 위치한 그리스도의 표정에 집중해 보겠습니다. 주님의 눈빛은 아래를 향하고 있으며 잠잠하다 못해 슬퍼 보입니다. 정적인 주님의 모습은 제자들의 상대적으로 동적인 반응과 큰 차이를 이루고 있습니다. 인간적인 감정을 그대로 표현하는 다빈치의 르네상스적 시대정신이 느껴지는 면모입니다.

이제 예수님의 바로 좌측에 위치한 그룹인 도마, 대제사장 야고보, 빌립입니다. 대제사장 야고보는 팔을 양측으로 벌려 분노하며 "그건 말도 안 됩니다. 그런 일이 있을 수는 없어요"라고 말하는 듯합니다. 야고보 등 뒤로 얼굴을 내밀고 손가락으로 하늘을 가리키는 도마는 후에 그가 예수님의 부활을 의심하게 될 손가락 사건을 예고하고 있습니다. 또 야고보 좌측에서 스스로를 가리키는 빌립은 마치 "주님, 제가 그 배신자인가요? 나는 아니지요?"라고 묻는 것처럼 보입니다.

마지막 좌측 끝 부분의 그룹은 마태, 다대오 유다, 열심당원 시몬입니다. 유다와 마태는 모두 놀라 시몬을 돌아보며 마치 "이게 도대체 무슨 뜻이냐?"고 묻는 것처럼 보입니다. 이에 대해 시몬도 손바닥을 내밀며 "난들 어찌 알겠어?"라고 답하고 있다고 추측됩니다.

신약성서를 통해 유추하면 예수님께서는 예루살렘 안에 있던 마가의 어머니 마리아의 집에서 바로 이 최후의 만찬을 거행하셨을 가능성을 학계에서는 제시합니다. 나아가 베드로가 천사에 의해 감옥에서 풀려났을 때에도 제일 먼저 닿은 곳이 바로 마가의 집이었기 때문입니다. 그래서 베드로의 복음서를 작성한 마가라 부르는 요한이 이 만찬에 관여하거나 함께 참여했을 가능성도 있어 보입니다.

　실제로 현장에서 이 그림을 바라보면 벽화가 성인 남자가 손을 뻗어야 닿을 높이 정도에 그려져 있어 상당히 입체적으로 느껴집니다. 함께 여행한 아들에게 벽을 올려다보며 열두 제자 한 명 한 명을 열심히 소개하고 설명해 주었습니다. 만화 성경을 많이 읽어서 그런지 아들도 꽤 재미있게 설명에 집중해 줍니다. 나중에 한국에 돌아와 아빠와 단둘이 여행하며 가장 기억에 남는 것이 무엇인지 솔직히 물어보았습니다. 저는 아이의 입에서 서유럽의 찬란한 성당 혹은 르네상스 거장의 작품이 언급되기를 기대했는지 모릅니다. 그러나 아이의 답은 이러했습니다.

　"광장에서 비둘기 모이를 준 일하고요. 아빠와 이탈리아 루카라는 도시에서 2인용 자전거를 같이 탄 게 가장 기억에 남아요."

　잠시 허탈했다가 잠시 후 아들이 한 답변에서 큰 통찰력을 얻었습니다. 어쩌면 하나님도 우리가 주를 위해 이런 위대한 일을 했다는 항변보다는 그저 여호와를 찾고 대화하며 소통하는 작지만 소박한 시간을 원하시지 않을까 하는 깨달음입니다. 꼭 이렇게 거장의 그림을 보지 않아도 또 미술이나 역사에 대한 아무런 이해가 없어도 그저 순전히 주를 찾는 겸손한 자를 주님은 찾고 계시지 않을까요? 다만 이러한 예술적 매체나 명화를 통해 주님의 음성을 느끼고 그분께 조금이라도 더 다가갈 수 있다면 이 책이 주님을 이해하는 작은 수단적인 의미는 가질 수 있겠다는 위안을 가져봅니다.

> 나는 인애를 원하고 제사를 원하지 아니하며 번제보다 하나님을 아는 것을 원하노라(호 6:6).

저 또한 아버지로서, 아들이 저에게 어떠한 상장이나 성공을 가져오는 것보다는 저와 보내는 시간을 즐기고 원하는 그 관심과 사랑을 원한다는 점을 인정합니다.

'주여 간절히 당신의 영광의 조각이라도 알고 느끼길 원하는 자녀의 마음으로 이 글을 써 왔습니다. 저는 레오나르도 다빈치 혹은 미켈란젤로가 아닌 하나님 당신의 사랑과 자비 앞에서 영원의 소망을 진정으로 간구합니다. 주님 당신 한 분만 영광과 높임을 받기에 합당하나이다.'

주

1) 요세푸스, 『유대 고대사 I』(생명의말씀사, 1987).
2) 요세푸스, 『유대 고대사 II』(생명의말씀사, 1987).
3) 빈센트 반 고흐, 『영혼의 편지』(예담, 1883).
4) 빈센트 반 고흐, 『영혼의 편지』(예담, 1883).
5) Nouwen Henri, *Compassion Solidarity consolation and Comfort*(영성신학-빈센트 반 고흐의 사명-긍휼: 연대, 위안, 위로) 최종수 옮김, 세계의 신학, 2001.12.52-70, 158p 참조.
6) 달빛마을,"방주", 방주(The Ark), 2024.

명화 작품 목록

베데스다 연못가의 병자
1. Bartolomé Esteban Murillo, *"Christ Healing the Paralytic at the Pool of Bethesda"*, 1667-1670. National Gallery, London

바울과 보톡스
1. Rembrandt van Rijn, *"The Apostle Paul"*, 1657. National Gallery of Art.
2. Raphael, *"St. Paul delivers a sermon at the Areopagus in Athens"*, 1515. Victoria and Albert Museum, London.

바울의 전도
1. Jacob Jordaens, *"The Apostles, St. Paul and St. Barnabas at Lystra"*, 1616. Hermitage Museum.

가인과 아벨
1. Peter Paul Rubens, *"Cain slaying his brother Abel"*, 1600. Courtauld Gallery, London
2. Édouard Manet, *"Un bar aux Folies Bergère"*, 1882. Courtauld Gallery, London

다윗과 우리아
1. Pieter Lastman, *"David Gives Uriah a Letter for Joab"*, 1619. The Leiden Collection.
2. Pieter Lastman, *"David handing over a letter to Uriah"*, 1619. The Leiden Collection.
3. Pieter Lastman, *"The Bathing of Bathsheba"*, 1619. The Leiden Collection.

에스더와 아하수에로 왕
1. Geldorp Gortzius, *"Ahasuerus and Esther"*, 1612. The Leiden Collection.
2. Tintoretto, *"Esther Before Ahasuerus"*, 1546. King's Gallery in Kensington Palace, London.
3. Peter Paul Rubens, *"Esther before Ahasuerus"*, 1620. Jesuit church St Charles Borromeo in Antwerp.
4. Rembrandt, *"Haman Begging the Mercy of Esther"*, 1660. National Museum of Art of Romania.

나아만 장군과 엘리사
1. Abraham van Dijck, *"Elisa Refuses the Gifts of Naeman"*, 1655. 개인 소장.
2. Ferdinand Bol, *"Elisha refusing the gifts of Naaman"*, 1661. Amsterdam Museum.
3. Anthony van Dyck, *"Self-Portrait"*, 1620 – 1621. The Metropolitan Museum of Art, New York.
4. Ferdinand Bol, Elisha refusing the gifts of Naaman, 1661 Amsterdam Museum

룻과 보아스
1. David Wilkie Wynfield, *"Ruth and Boaz"*, 1879. Harris Museum & Art Gallery.

선한 사마리아인
1. Vincent van Gogh, *"The Good Samaritan"*, 1890. Kröller-Müller Museum.
2. Eugène Delacroix, *"The Good Samaritan"*, 1849. 개인 소장.

반 고흐와 아버지
1. Vincent van Gogh, *"Still Life with Bible"*, 1885. Van Gogh Museum.
2. Vincent van Gogh, *"Almond Blossom"*, 1890. Van Gogh Museum.

피에타
1. Vincent van Gogh, *"Pietà (after Delacroix)"*, 1889. Van Gogh Museum.
2. Eugène Delacroix, *"Pietà"*, 1850. National Museum of Art, Oslo.
3. Michelangelo Buonarroti, *"Pietà"*, 1498-1499. St. Peter's Basilica, Vatican City.

쓸쓸한 나의 그리스도
1. Michelangelo da Caravaggio, *"The Taking of Christ"*, 1602. National Gallery of Ireland.

도마에 대한 오해
1. Michelangelo da Caravaggio, *"The Incredulity of Saint Thomas"*, 1602. Sanssouci, Potsdam.
2. Hendrick ter Brugghen, *"The Incredulity of Thomas"*, 1622. Rijksmuseum Amsterdam.
3. Peter Paul Rubens, *"Doubting Thomas"*, 1613-1615. Royal Museum of Fine Arts, Antwerp.

예레미야의 애가
1. Rembrandt van Rijn, *"Jeremiah Lamenting the Destruction of Jerusalem"*, 1630. Rijksmuseum Amsterdam.

이사야와 청색옥
1. Johannes Vermeer, *"Girl with a Pearl Earring"*, 1665. Mauritshuis, The Hague.
2. Johannes Vermeer, *"Woman Reading a Letter"*, 1662-1663. Rijksmuseum, Amsterdam.
3. Michelangelo, *"Prophet Isaiah, Sistine Chapel in the Vatican"*, 1508-1512. Sistine Chapel.

노아의 고독
1. William Bell Scott, *"The Eve of the Deluge"*, 1865. Tate Britain, London.

아브라함과 이삭
1. Rembrandt van Rijn, *"The Sacrifice of Isaac"*, 1635. Hermitage Museum, Russia.
2. Pieter Lastman, *"The Angel of the Lord Preventing Abraham from Sacrificing His Son Isaac"*, 1612. Musée du Louvre.

마가 요한
1. Antonio da Correggio, *"The Betrayal of Christ, with a Soldier in Pursuit of Mark the Evangelist"*, 1522. Galleria Nazionale di Parma.
2. Jacopo Tintoretto, *"St. Mark's Body Brought to Venice"*, 1562-1566. Gallerie dell'Accademia.
3. Vladimir Borovikovsky, *"St. Mark the Evangelist"*, 1804-1809. Saint Petersburg, Russia.

베드로와 요한
1. Eugène Burnand, *"The Disciples Peter and John Running to the Sepulchre"*, 1889. Musée d'Orsay, Paris.
2. Eugène Burnand, *"Holy Saturday"*, 1907-1908. Fine Art Museum.
3. Eugène Burnand, *"Bull in the Alps"*, 1884. Musée cantonal des Beaux-Arts.

최후의 만찬
1. Leonardo da Vinci, *"The Last Supper"*, 1495-1498. Santa Maria delle Grazie, Milan.
2. Giampietrino, *"Copy of the Last Supper"*, 1520. Royal Academy of Arts, London.

사명선언문

너희가 흠이 없고 순전하여……세상에서 그들 가운데 빛들로
나타내며 생명의 말씀을 밝혀 _ 빌 2:15-16

1. 생명을 담겠습니다
만드는 책에 주님 주신 생명을 담겠습니다.
그 책으로 복음을 선포하겠습니다.

2. 말씀을 밝히겠습니다
생명의 근본은 말씀입니다.
말씀을 밝혀 성도와 교회의 성장을 돕겠습니다.

3. 빛이 되겠습니다
시대와 영혼의 어두움을 밝혀 주님 앞으로 이끄는
빛이 되는 책을 만들겠습니다.

4. 순전히 행하겠습니다
책을 만들고 전하는 일과 경영하는 일에 부끄러움이 없는
정직함으로 행하겠습니다.

5. 끝까지 전파하겠습니다
모든 사람에게, 땅 끝까지, 주님 오시는 그날까지
복음을 전하는 사명을 다하겠습니다.

서점 안내

광화문점   서울시 종로구 새문안로 69 구세군회관 1층
02)737-2288 / 02)737-4623(F)

강남점   서울시 서초구 신반포로 177 반포쇼핑타운 3동 2층
02)595-1211 / 02)595-3549(F)

구로점   서울시 동작구 시흥대로 602, 3층 302호
02)858-8744 / 02)838-0653(F)

노원점   서울시 노원구 동일로 1366 삼봉빌딩 지하 1층
02)938-7979 / 02)3391-6169(F)

일산점   경기도 고양시 일산서구 중앙로 1391 레이크타운 지하 1층
031)916-8787 / 031)916-8788(F)

의정부점   경기도 의정부시 청사로47번길 12 성산타워 3층
031)845-0600 / 031)852-6930(F)

인터넷서점   www.lifebook.co.kr